Joe J. Heydecker:
Das Warschauer Getto
Foto-Dokumente eines deutschen Soldaten
aus dem Jahr 1941

Vorwort von Heinrich Böll
Mit 100 Fotos

W0110303

Deutscher
Taschenbuch
Verlag

Deutsche Erstausgabe
1. Auflage November 1983
3. Auflage Juni 1987: 19. bis 21. Tausend
© 1981 Atlantis Livros Ltd, Caixa Postal 21 206, 04698 São Paulo
Titel der brasilianischen Originalausgabe:
Wo ist dein Bruder Abel? Foto-Dokumente aus dem
Warschauer Getto (englisch, deutsch, portugiesisch)
© 1983 der deutschsprachigen Ausgabe:
Deutscher Taschenbuch Verlag GmbH & Co. KG, München
Umschlaggestaltung: Celestino Piatti
Umschlagfoto: Joe J. Heydecker
Gesamtherstellung: C. H. Beck'sche Buchdruckerei, Nördlingen
Printed in Germany · ISBN 3-423-10247-0

Inhalt

Heinrich Böll: Mordnachweis*

Merkwürdig, daß im Lande der klassischen Prachtbände, der regionalen und kommunalen sehr aufwendigen Geschenkbände dieser Bildband erst jetzt einen Verleger finden konnte. Authentische Fotos aus dem Warschauer Getto, mit dem Text eines Augenzeugen, der weder Täter noch Opfer war, sondern »nur« Angehöriger der deutschen Wehrmacht, die nicht etwa die Konzentrationslager betrieb, auch nicht das Getto in Warschau errichtete, nein – und doch wäre ohne sie das alles nicht möglich gewesen.

Joe J. Heydecker, durch sein Buch über die Nürnberger Prozesse hinreichend und rühmlich bekannt, gibt in seinem Text Beweise genug, daß »man« es wissen konnte; auch dafür, daß die Wehrmacht »es« wußte. Immerhin zitiert er nicht nur Kommentare von unbeteiligten deutschen Augenzeugen, auch aus einem Armeebefehl von Reichenaus vom 10. Oktober 1941, der sich offenbar veranlaßt sah, auf die Unruhe – die zustimmende und ablehnende – in seiner Truppe zu reagieren, indem er die »Ausrottung des asiatischen Einflusses im europäischen Kulturkreis« als »das wesentliche Ziel des Feldzugs gegen das jüdisch-bolschewistische System« bezeichnete und hinzufügte: »Hierdurch entstehen auch für die Truppe Aufgaben, die über das hergebrachte, einseitige Soldatentum hinausgehen . . . Deshalb muß der Soldat für die Notwendigkeit der harten, aber gerechten Sühne am jüdischen Untermenschentum volles Verständnis haben.« Diese Seite des Krieges ist ja inzwischen von Martin Broszat, Hans-Adolf Jacobsen und Helmut Krausnick ausreichend dokumentiert (›Anatomie des SS-Staates‹).

Heydecker zitiert noch einen Armeebefehl von Rundstedts vom September 1941, der sich offenbar auf zuschauende und möglicherweise mit eingreifende Wehrmachtsangehörige bezieht: »Eigenmächtiges Vorgehen oder Beteiligung von Wehrmachtsangehörigen an Exzessen der ukrainischen Bevölkerung gegen die Juden ist verboten, ebenso das Zusehen oder Fotografieren bei der Durchführung der Maßnahmen der Sonderkommandos.«

Wo sind diese Augenzeugen, wo ihre Fotos? Werden sie möglicherweise beim Treffen »alter Kameraden« heimlich und grinsend rumgereicht? Heydeckers Fotos aus dem Warschauer Getto haben, zusammen mit seinem Augenzeugenbericht, seiner Schilderung beobachteter Szenen, Seltenheitswert. In einem Jahr starben zehn Prozent der Gettobevölkerung, also 44 630 Menschen, an Hunger und Typhus, und am 16. Mai 1943 meldete SS-Obergruppenführer Jürgen Stroop: »Das ehemalige jüdische Wohnviertel Warschaus besteht nicht mehr. Gesamtzahl der erfaß-

* Leicht geänderte Fassung. Zuerst erschienen in der ›Zeit‹ vom 28. Januar 1983.

ten und *nachweislich* (Betonung von mir) vernichteten Juden beträgt
50 065.« O Himmel, was wäre wohl ein hochrangiger Mörder ohne seinen Mord*nachweis!*

Nach zahlreichen Publikationen, Filmen und Veranstaltungen erübrigt
sich wohl eine neuerliche Aufzählung der Geschichte des Warschauer
Gettos und seines Aufstands. Heydecker hat sich vor und nach dem
Aufstand ins Getto hineingeschmuggelt, unter Lebensgefahr. Es ist beschämend, daß seine Fotos und sein Bericht in der Bundesrepublik bis-
lang nicht publiziert wurden, beschämend, daß jüdische Bürger südame-
rikanischer Staaten diese Publikation zuerst in Brasilien herausbringen
mußten.

Wenn laut Lea Rosh von insgesamt etwa 150 000 *tätlich* Beteiligten nur
wenig mehr als 6500 vor Gericht gestanden haben, wo sind die übrigen?
Leben sie, wenn sie nicht gestorben sind, noch heute und möglicherweise
in nicht nur geordneten, vielleicht gar wohlhabenden Umständen? Wer
hat je herauszufinden versucht, wieviel Nachkriegsvermögen aus Raub
und Plünderung, wie viele »heroisch aufgebaute« Nachkriegsunterneh-
men aus Kriegsbeute, gar Leichenfledderei entstanden sind? Immerhin
stellte Heydecker nach der Vernichtung des Warschauer Gettos einen
»auffallenden Preissturz« bei Warschauer Juwelieren fest. Hat da die
beutegierige SS den freien Markt so stark beliefert, daß die Preise nachge-
ben mußten? Nicht nur blutig war der Krieg, es gab auch blutige Beute.

Das Warschauer Getto
16. Oktober 1940 bis 16. Mai 1943

Der Stadtbezirk, der Mitte Oktober 1940 vom deutschen Gouverneur Warschaus, Ludwig Fischer, zum »jüdischen Wohngebiet« erklärt wurde, war zu normalen Zeiten von etwa 160 000 Menschen bewohnt. Durch die Kriegsereignisse hatte sich die Einwohnerzahl auf rund 320 000 erhöht. Sie setzte sich zusammen aus 80 000 Polen und 240 000 altansässigen und aus der Provinz nach Warschau geflohenen Juden. Weitere 160 000 Juden wohnten verstreut im übrigen Teil der Stadt. Ihnen befahl Fischers Sonderverordnung vom 16. Oktober 1940, in den jüdischen Bezirk umzuziehen. Derselbe Befehl nötigte die dort ansässigen Polen, das Gebiet zu verlassen. Als Frist wurden vierzehn Tage gegeben, und in diesen zwei Wochen erhöhte sich die Einwohnerzahl des Zwangsbezirks auf fast 400 000 Menschen.

Der Umzug vollzog sich unter verzweifelten Umständen. Es war unmöglich, in der kurzen Frist den Hausrat und die Berufsausrüstung von 160 000 Menschen zu befördern. Die Juden, schon seit Mitte November 1939 durch eine Verordnung des Generalgouverneurs Hans Frank gezwungen, zur Kennzeichnung eine weiße Binde mit einem blauen Davidstern am rechten Ärmel zu tragen, bewegten den dringendsten Teil ihrer Habe auf Handkarren, Kinderwagen und selbstgebauten Fahrgestellen dem ihnen zugewiesenen Wohnbezirk entgegen, Fiebernde, Todkranke, Kleinkinder und Gehunfähige obenauf. Den größten Teil ihres Besitzes, vor allem Möbel, Maschinen und andere Werkstätteneinrichtungen, mußten sie herrenlos zurücklassen. Verzweifelter noch als der Umzug war der aussichtslose Versuch, in dem schon überfüllten Stadtteil ein Unterkommen zu finden. Wer über Geld oder andere Werte verfügte, konnte sich vielleicht noch einen Platz erkaufen, aber die Masse der betroffenen Juden setzte sich aus kleinem Mittelstand, Handwerkern, Arbeitern und Minderbemittelten zusammen. Sie irrten durch die Straßen und Höfe, zogen und schoben ihre Wägelchen, schleppten ihre armseligen Koffer und Säcke, bis sie erschöpft in einer Ecke oder einfach am Straßenrand niedersanken – und hier blieben. Es dauerte Wochen, für viele Unglückliche auch Monate, bis sie schließlich doch noch ein Dach über dem Kopf fanden, eineinhalb Quadratmeter Fußboden in einem schon überfüllten Zimmer, einen Winkel in einem Hausflur, einen Keller in einer Ruine, ein Loch unter einer Treppe. Für viele löste der Tod das Problem.

Am 15. November 1940, vierzehn Tage nach dem Umzug, errichtete deutsche Polizei zusammen mit abkommandierten polnischen Stadtpolizisten an allen Zugangsstraßen des Gettos Sperren und riegelte das Gebiet ab. Die dort zusammengepferchten Menschen saßen damit plötzlich in einer Falle. Stacheldrahthindernisse und später hohe Bretterzäune vollendeten die Absperrung. Dann wurde auf deutschen Befehl um den ganzen etwa vier Kilometer langen und zweieinhalb Kilometer breiten Bezirk eine Ziegelmauer gebaut. Sie war sechzehn Kilometer lang, drei Meter hoch, einen Ziegelstein dick und wurde im Sommer 1941 fertiggestellt. Weite Strecken, besonders an den Seitenstraßen, die in die breite Marszalkowska mündeten, eine der belebten Hauptstraßen Warschaus, waren aber schon viel früher fertig.

Als äußerer Grund für die Absperrung wurde von den Deutschen »Seuchengefahr« angegeben. Große Schilder an den Zugängen des Gettos wiesen in deutscher und polnischer Sprache darauf hin. Tatsächlich lagen die Verhältnisse umgekehrt. Infolge der Absperrung, Überfüllung und elenden Ernährungs- und Sanitätslage traten Typhusfälle im Getto auf. Hinzu kam, daß immer noch mehr Menschen in den abgesperrten Bezirk gepreßt wurden. In den westlichen Landgebieten Polens mußten die Juden ihre Arbeits- und Heimstätten verlassen und in die Gettos ziehen, die überall in den größeren Orten des Generalgouvernements geschaffen worden waren. So bekam auch das Warschauer Getto ständigen Zuzug aus der Provinz, später auch noch aus anderen unterworfenen Ländern Europas und aus Deutschland selbst. Jedes Haus beherbergte schließlich im Durchschnitt 393 Personen, jeder Raum diente etwa dreizehn Menschen als Wohnstätte. Im Mai 1941 war die Bevölkerung des Warschauer Gettos auf 430 000 Einwohner gestiegen, aber im September des gleichen Jahres waren es nur noch 404 000.

Diese Zahlen zeigen die Sterblichkeit. Obwohl es immer Typhusfälle im Getto gab – im Dezember 1941 beispielsweise waren offiziell 2405 bekannt –, starben die meisten Menschen einfach Hungers. Während die Deutschen in Warschau Lebensmittelzuteilungen in Höhe von täglich 2310 Kalorien erhielten, betrug die tägliche Ration für die Bewohner des Gettos im zweiten Halbjahr 1941 nur noch 184 Kalorien. Um diese Zeit gab es für Juden amtlich ein Kilo Brot wöchentlich sowie monatlich 250 Gramm Zucker, 100 Gramm Marmelade und 50 Gramm Fett. Das Brot war mit Kartoffelschalen und Sägemehl versetzt. Und selbst diese Hungerrationen waren unregelmäßig verteilt. Bernard Goldstein berichtet in seinen Getto-Erinnerungen: »Obwohl die Karte zu mehr berechtigte, gab es pro Person nur etwa 20 Gramm Brot und etwas Grütze pro Tag und ganz selten ein bißchen Zucker.« Über hunderttausend Menschen lebten allein von einer Wassersuppe, die täglich von einer jüdischen Selbsthilfeorganisation ausgegeben wurde und oft nur aus gekochtem Heu bestand. Im Februar 1941 starben im Getto von Warschau 1025 Menschen, im März 1608, im April 2061 und im Mai 3821. Im ganzen Jahr 1941 starben über zehn Prozent der Gettobevölkerung, nämlich 44 630 Menschen, die meisten am Hunger, 15 780 am Typhus und ein unbekannter Teil erfror während der Wintermonate. Zynisch meinte Gouverneur Fischer: »Die Juden werden vor Hunger und Elend eingehen, und von der jüdischen Frage wird nur noch ein Friedhof übrigbleiben.«

In einem Bericht an die polnische Untergrundpresse hieß es im April 1942: »Wir sehen täglich bettelarme, vor Hunger geschwollene Gestalten, wir sehen Kinder, zu Skeletten abgemagert, mit Hungergeschwüren bedeckt, kraftlos auf der Straße liegen. Den Menschen bleibt nur eines übrig: der Tod auf der Straße.« Bernard Mark berichtet: »Der Hunger verursachte massenhaftes Betteln. Durch die Straßen zogen Gruppen bettelnder, abgezehrter Kinder und sangen mit wehklagender Stimme das bekannte Gettolied: ›Gite mentschn, hot rachmunes, der tate is geschtorbn fun hunger un nojt. Gite mentschn, hot rachmunes, werft arop a schtikele brojt.‹ (›Gute Menschen, habt Erbarmen, der Vater ist vor Hunger und Not gestorben. Gute Menschen, habt Erbarmen, werft herab ein Stückchen Brot.‹)«

In dem vergrabenen Ringelblum-Archiv, das nach dem Krieg auf dem Ruinengelände des ehemaligen Gettos gefunden wurde, heißt es: »Ein Leben ohne Brot, ohne einen Löffel warme Speise im Verlauf langer Jahre übt einen schockartigen Einfluß auf die Psyche der Menschen aus. Viele der erschöpften, entkräfteten Menschen verfielen äußerster Apathie. Sie legten sich auf ihre Lager und blieben liegen, lagen so lange, bis die Kraft nicht mehr ausreichte, sich zu erheben. In den Häusern in der Krochmalna-, Ostrowski-, Smocza- und der Niskastraße lagen fast den ganzen Tag über kraftlose Menschen auf ihren Lagern. Unter ihnen befanden sich Familien von zehn bis zwölf Personen. Sie lagen bewegungslos mit bleichen Gesichtern und brennenden Augen nebeneinander und schluckten Speichel. Ihnen war alles gleichgültig geworden. Es verzehrte und quälte sie ununterbrochen, unablässig nur ein Wunsch, ein wahnsinniges Verlangen: ein Stück Brot aufzutreiben.«

Die Gettoverwaltung, der von den Deutschen eingesetzte Judenrat, stand den Verhältnissen hilflos und machtlos gegenüber. Die zwei Hauptprobleme des Gettos, Hunger und Wohnraumnot, waren unlösbar. Eine jüdische Polizeitruppe in Stärke von zeitweise etwa 3800 Mann – ihre Mitglieder waren oft getaufte Juden, ehemalige Angehörige der polnischen Polizei oder Armee, oft Günstlinge –, blau uniformiert und mit einem Gummiknüppel bewaffnet, sorgte anfangs für Ordnung und spielte später den deutschen Mordkommandos in die Hände, wohl in dem Wahn, damit das eigene Leben retten zu können. Außerdem gab es im Getto eine jüdische Sonderpolizei, die sogenannten Dreizehner, die eng mit der Gestapo zusammenarbeitete. Ihre offizielle Aufgabe sollte es sein, Korruptionsfällen nachzugehen. Indes waren alle diese Stellen selbst zutiefst korrupt. Hauptnutznießer der Millionengeschäfte, bei denen es um gefälschte Papiere, Privilegien und Realwerte ging, waren deutsche Gestapobeamte, Angehörige der SS, des SD und andere Deutsche in hohen Stellungen, die irgendwie etwas mit dem Getto zu tun hatten. Ihre jüdischen Handelspartner auf der anderen Seite der Mauer bildeten jene winzige Minorität, die trotz der extremen Verhältnisse noch ein Leben in Überfluß führen konnte. Immerhin kamen durch diese Kanäle auch Waren ins Getto, die das Leben seiner Bewohner zu verlängern vermochten.

Tatsächlich blieb das Getto trotz der rigorosen Absperrung nie ganz ohne Zuflüsse von außen. Anfangs gab es sogar noch Postsendungen, und das jüdische Hilfskomitee der Vereinigten Staaten hatte eine Zeitlang die Erlaubnis, die Gettobewohner zu unterstützen.

Als diese beiden Quellen versiegten – die Deutschen schlossen das jüdische Postamt, und Hitlers Kriegserklärung an die Vereinigten Staaten machte den amerikanischen Liebesgaben ein Ende –, blieben nur noch die Schmuggler, die ihre Waren auf die abenteuerlichste Weise über und durch die Mauer, durch Kanalrohre und in Särgen ins Getto brachten. Das alles konnte jedoch nicht ausreichen, annähernd eine halbe Million Menschen zu ernähren. Ein von einer illegalen jüdischen Zeitung veröffentlichter Bericht sagt:

»50 Prozent der Bevölkerung sterben buchstäblich vor Hunger, 30 Prozent hungern auf ›normale‹ Art und Weise, 15 Prozent haben selten zu essen.«

Dennoch hätte es nach Untersuchungen einer jüdischen Ärztekommission etwa fünf Jahre gedauert, bis alle Bewohner des Gettos verhungert gewesen wären. Die Deutschen waren inzwischen auch entschlossen, die »Endlösung« auf andere Weise vorzunehmen. Der Krieg gegen die Sowjetunion hatte begonnen, und hinter der Front waren schon die Einsatzgruppen damit beschäftigt, das russische Judentum durch Massenerschießungen auszurotten. In der zweiten Hälfte des Jahres 1941 kam es dort auch zu den ersten Vergasungen, eine Methode, die zuvor schon bei der Tötung von Geisteskranken in Deutschland angewendet worden war. Auf dem östlichen Kriegsschauplatz wurden zunächst Gaswagen benützt, doch schätzten die Verantwortlichen der »Endlösung« deren Leistungsfähigkeit bald als zu gering ein. So kam es zur Errichtung der Todeslager, Vergasungsanstalten mit einer täglichen Mordkapazität von vielen tausend Menschen.

Die große Liquidierung, die das Warschauer Getto traf, dauerte vom 22. Juli bis zum 13. September 1942. Eine Terroraktion, Erschießungen auf offener Straße und die Festnahme von Geiseln aus der jüdischen Gemeinde waren dem Stichtag vorausgegangen. Dem Judenrat und seiner Polizei wurde befohlen, ab 22. Juli täglich sechstausend »unnütze« Juden auf dem sogenannten Umschlagplatz – dem Kreuzungspunkt eines Bahngleises mit der Stawkistraße – »zur Umsiedlung nach dem Osten« bereitzustellen. Von hier gingen die Transporte in Viehwagen direkt zu den Gaskammern von Treblinka.

Obwohl Nachrichten von den Massenmorden an russischen Juden und von der Liquidierung der Gettos kleiner polnischer Provinzorte in das Getto von Warschau gedrungen waren, wollten noch die wenigsten Menschen Verdacht schöpfen. Viele klammerten sich an die von den Deutschen ausgegebene und vom Judenrat weiter verbreitete Verlautbarung, es gehe nur darum, etwa 60 000 Arbeitskräfte für wichtige Bauvorhaben in die Gegend von Minsk zu schicken. Doch alle Anzeichen sprachen gegen diese Version. Zusammengefangen und abtransportiert wurden nämlich zuerst Bettler, Kranke, Gefängnisinsassen und die zweihundert Kinder des jüdischen Waisenhauses, alles Menschen, die den Deutschen als Arbeitskräfte nicht nützlich sein konnten. Bei den Krüppeln machte man sich nicht einmal die Mühe der Täuschung: sie wurden zum Getto-friedhof gebracht und dort am Rande eines Massengrabes erschossen. Auch stellten die Bewohner des Gettos nach den Nummern der Güter-wagen fest, daß diese immer sehr schnell wieder zurückkehrten, um neue Unglückliche abzuholen, also unmöglich die weite Fahrt nach dem Osten zurückgelegt haben konnten. Durch die Vermittlung polnischer Eisen-bahner kamen auch bald genaue Beschreibungen der Vorgänge in Tre-blinka und sogar Fotografien des Todeslagers nach Warschau. Eine jüdi-sche Widerstandsgruppe verbreitete im Getto folgenden Aufruf:

»Juden, man täuscht euch! Glaubt nicht, daß ihr zur Arbeit und zu sonst nichts deportiert werdet. Tatsächlich werdet ihr in den Tod ge-schickt. Dies ist die satanische Fortsetzung der Vernichtungskampagne, die bereits in den Provinzen durchgeführt wurde. Laßt euch nicht freiwil-lig in den Tod abführen. Leistet Widerstand! Kämpft mit Händen und Füßen. Begebt euch nicht auf den Umschlagplatz! Kämpft für euer Leben.«

Der Vorsitzende des Judenrates, Adam Czerniakow, entzog sich seiner Gewissensqual am zweiten Tag der Aktion durch Selbstmord. Acht jüdi-sche Polizisten wählten ebenfalls den Freitod, um den Deutschen nicht länger Bütteldienste leisten zu müssen. Natürlich wurde der Mordplan von solchen Demonstrationen nicht beeinträchtigt. Die Transporte lie-fen, und auch die letzten Gutgläubigen im Getto wußten nun, daß die Reise nicht in östliche Arbeitslager ging, sondern in den Tod. SS, jüdische Polizei und litauische Hilfsmilizen trieben in allen Teilen des Gettos Menschen zusammen, um sie zum Umschlagplatz zu bringen. Haustü-ren, die verbarrikadiert worden waren, wurden mit Äxten aufgeschlagen, Frauen und Kinder fortgezerrt. Der Augenzeuge Goldstein berichtet: »Kinder hängten sich an ihre Väter, Frauen an ihre Männer. Sie krallten sich an Möbelstücke, Türpfosten und was sie sonst zu fassen kriegten, um sich vor dem Weggeschlepptwerden durch die Polizei zu retten. Den ganzen Tag über konnte man den Lärm dieser schauerlichen Jagd ver-nehmen.«

Anfangs noch bot die Arbeitskarte, der Nachweis, in einem der kriegs-wichtigen Betriebe des Gettos zu arbeiten, einen gewissen Schutz gegen die Deportation – und eine wilde, verzweifelte Jagd nach echten oder falschen Arbeitskarten setzte ein. Dann, als es den Deutschen allmählich schwerer wurde, die täglichen Transporte zusammenzustellen, verlor auch dieses Dokument seinen Wert. Wer sich nicht versteckt halten konnte, lief nun jeden Augenblick Gefahr, mit den anderen Bewohnern aus einem Haus geholt oder auf der Straße ergriffen und zum Umschlagplatz gebracht zu werden. Später mußten die Belegschaften aller Betriebe geschlossen erscheinen und an einem SS-Mann vorbeigehen, der mit der Bewegung eines Stöckchens entschied, wer nach links oder nach rechts mußte. Rechts bedeutete den Abmarsch zum Umschlagplatz und den Weg in den Tod.

Das Wort Umschlagplatz hatte im Getto bald eine furchtbare Bedeutung. Die von den Deutschen ursprünglich angegebene Zahl von 60 000 »Umsiedlern« erwies sich als bloße Täuschung. Alle, die gehofft hatten, sie würden in Ruhe gelassen werden, wenn sie es nur fertigbrächten, nicht bei diesen 60 000 zu sein, gerieten jetzt ebenfalls in den Sog der Todesmaschine. Die Treibjagden gingen weiter, die Zahlen überschritten hunderttausend, dann zweihunderttausend Menschen. Es war kein Ende abzusehen. Aus diesen Schreckenstagen des Warschauer Gettos sind Berichte überliefert, die der Verstand kaum zu fassen vermag. Die Opfer wurden zusammengetrieben wie Vieh, mit Schlägen und Peitschenhieben zum Umschlagplatz gestoßen; wer schrie oder den Mördern andere Schwierigkeiten machte, mußte damit rechnen, niedergeschossen zu werden. Kinder wurden von ihren Müttern gerissen, Familien getrennt, Bitten und Tränen ernteten Hohn.

Das Resultat der Aktion spricht für sich selbst. Anfang Oktober 1942 meldete SS-Obergruppenführer Jürgen Stroop dem höheren Polizeiführer Friedrich Krüger, daß insgesamt 310 332 Bewohner des Warschauer Gettos »umgesiedelt« worden seien. Bei dieser Zahl handelt es sich allein um jene Menschen, die beim Verladen in die Züge nach Treblinka von der SS auch statistisch erfaßt worden waren. Nicht gezählt wurden natürlich die Opfer der Metzeleien, die während der zehnwöchigen Aktion täglich in den Häusern und auf den Straßen stattfanden. Übriggeblieben waren am Ende zwischen 65 000 und 70 000 Juden, die im sogenannten Kleinen Getto, einem Bezirk von etwa 950 mal 280 Meter im Nordosten des alten Gettos, zusammengedrängt wurden. Es handelte sich um jene Ausgelesenen, die den Deutschen als Arbeiter in den hier gelegenen Fabriken und Werkstätten – noch – unentbehrlich erschienen waren. Goldstein, der auf einem Fluchtweg bald nach der Aktion durch das alte Getto kam, hat das ganze Geschehen in einem grauenvollen Bild eingefangen: »Langsam wanderten wir durch die verlassenen Straßen. Ein schauerliches Schweigen gähnte aus den offenen Türen und Fenstern. Hier war einmal pulsierendes Leben gewesen – ein miserables, unterdrücktes, verzweifeltes Leben, aber dennoch: ein Leben. Wo waren alle die Bewohner, die diese leeren Häuser und verlassenen Höfe gefüllt hatten? Verschlungen von dem Umschlagplatz, ein Fraß der unersättlichen deutschen Todesmaschine.«

Himmlers Befehl, auch das restliche Getto zu liquidieren, brachte die Deportationen nach Treblinka erneut in Gang. Abermals wurden die

Fabriken und Werkstätten nach entbehrlichen Arbeitskräften durchforscht, doch am 18. Januar 1943 leistete eine Gruppe auf dem Todesweg zum Umschlagplatz plötzlich Widerstand. Einige Juden zogen Pistolen und schossen auf die begleitende SS-Mannschaft. Die Gruppe konnte untertauchen, noch ehe sich die Deutschen von ihrer Verwirrung erholt hatten. Es war nun immerhin klar, daß es die überlebenden Bewohner des Gettos verstanden hatten, sich Waffen zu beschaffen und daß sie sich nicht mehr willenlos zur Schlachtbank führen lassen würden. Als Stroop am 19. April 1943 mit drei Geschützen und drei Panzerwagen in das kleine restliche Getto einrückte, um Himmlers endgültigen Liquidierungsbefehl auszuführen, schlug ihm so erbitterter Widerstand entgegen, daß er sich wieder zurückziehen mußte.

Der heroische Aufstand des Warschauer Gettos hatte begonnen.

Er dauerte bis zum 16. Mai 1943, fast einen Monat lang. In diesen vier Wochen mußten die Deutschen Straße um Straße, Haus um Haus des Gettos erobern. Sie mußten Geschütze, Panzerfahrzeuge, Flammenwerfer, Pioniere mit Sprengmitteln und über zweitausend Männer der Waffen-SS, deutsche Polizeiangehörige, Wehrmachtssoldaten und polnische und litauische Hilfskräfte einsetzen, um die jüdischen Verteidiger zu überwältigen. Die Juden, Männer und Frauen gleichermaßen, kämpften mit polnischen und mit selbstgemachten Handgranaten, mit Pistolen und anderen leichten Feuerwaffen deutscher, italienischer und polnischer Herkunft. Sie hatten im ganzen Sperrbezirk unterirdische Bunker angelegt, die als Wohnhöhlen, Vorratslager, Lazarette und Unterschlupf für Greise, Kinder und Kampfunfähige dienten, die der großen Liquidierung auf die eine oder andere Weise entgangen waren. Sie kämpften gegen die Deutschen in zähen Feuergefechten, zogen noch bei der Gefangennahme Pistolen und riefen ihren Henkern ins Gesicht, daß deren Untaten einst gerächt würden.

Die Deutschen griffen dagegen zu bequemeren Mitteln, um die letzten Männer, Frauen, Alten, Schwangeren, Kranken und Kinder herauszutreiben. Sie sprengten die Häuser oder setzten sie in Brand. Vier Wochen lang lag über dem Gettobezirk tags eine schwarze Rauchwolke und nachts der dunkelrote Schein der Brände. Am 25. April meldete Stroop seiner vorgesetzten Dienststelle in Krakau fernschriftlich: »Wenn gestern nacht das ehemalige Getto von einem Feuerschein überzogen war, so ist heute abend ein riesiges Feuermeer zu sehen.« Doch in einem anderen Fernschreiben mußte er zugeben: »Immer wieder konnte man beobachten, daß trotz der großen Feuersnot Juden und Banditen es vorzogen, lieber wieder ins Feuer zurückzugehen, als in unsere Hände zu fallen.«

Stolz meldete er am 16. Mai 1943: »Das ehemalige jüdische Wohnviertel Warschau besteht nicht mehr ... Gesamtzahl der erfaßten und nachweislich vernichteten Juden beträgt insgesamt 56065.«

Wer lebend in die Gewalt der Deutschen geraten war, wurde entweder an Ort und Stelle erschossen oder mit dem nächsten Transport ins Todeslager Treblinka geschickt. Die Zahl der Menschen, die in den brennenden oder gesprengt zusammenstürzenden Häusern ums Leben kamen, in verschütteten Bunkern und Kanalrohren erstickten oder ertranken, läßt sich nicht abschätzen. Obwohl das Getto später noch von deutschen Sprengtrupps weiter zerstört wurde und dem Erdboden gleichgemacht werden sollte, stellte sich im Januar 1945 nach dem Einmarsch der Roten Armee in Warschau heraus, daß es in einigen unterirdischen Bunkern immer noch eine Handvoll versteckter Juden gab. Sie und ein paar Glückliche, denen die Flucht gelungen war oder die bei Arbeitskommandos in Treblinka der sofortigen Vergasung entgangen waren, blieben von über einer halben Million der ehemaligen Gettobevölkerung Warschaus die einzigen Überlebenden.

Geboren am 13. Februar 1916 in Nürnberg. Von Januar 1931 bis Juli 1933 in der Fotografenlehre bei Stefan Rosenbauer (der später nach Rio de Janeiro auswanderte) in Frankfurt am Main. Meine Eltern gingen Anfang 1933 aus Unbehagen – ohne rassisch oder politisch gefährdet zu sein – ins Ausland. Noch höre ich meinen Vater die Worte sprechen: »In so einem Land will ich nicht länger leben.« Ich erwähne das, weil es etwas Licht auf meinen persönlichen Hintergrund wirft. In meinem Elternhaus herrschte eine liberale Atmosphäre, im weiten Freundeskreis meiner Eltern gab es weder religiöse noch rassische Vorurteile. Das Heraufkommen Hitlers, seine militaristische, antisemitische und demokratiefeindliche Propaganda, die SA-Krawalle und Straßenkämpfe, erfüllte sie mit wachsenden Befürchtungen. Meine Mutter hatte dafür noch eine ganz persönliche Veranlassung, da einer ihrer Söhne aus früherer Verbindung, mein Halbbruder Alwin, einen jüdischen Vater hatte, so daß er später unter die Nürnberger Rassengesetze fiel. Es gelang ihm, nebenbei erwähnt, noch im August 1939, gerade bei Kriegsbeginn, aus Deutschland zu entkommen und sich über die Schweiz nach Brasilien durchzuschlagen.

Ein Roman, den ich im Januar 1933 veröffentlichte, mußte bald nach dem Februar verschwinden und ging zusammen mit dem unerwünschten Verlag unter. Mitte 1933 erlaubten mir meine Eltern, die Lehre vorzeitig abzubrechen und ebenfalls ins Ausland zu gehen. Wohnsitz Meggen bei Luzern, Schweiz. Danach zahlreiche Reisen und Aufenthalte in der Tschechoslowakei, in Österreich, Ungarn, Jugoslawien. Gelegentlich Beiträge in Luzerner und Prager deutschsprachigen Zeitungen; keine Mitarbeit an deutschen Blättern. 1937 fast das ganze Jahr in Polen. Haupttätigkeit im Geschäft meiner Eltern, die in den verschiedenen Ländern Vorführungen des Films ›Papst Pius XI. spricht zu Dir‹ veranstalteten.

1937 bereiste ich mit diesem Unternehmen Polen, besonders auch Galizien und Wolhynien, zwei damals stark jüdisch besiedelte Gebiete. Mein Vater und ich, obwohl sicher leicht als »Reichsdeutsche« erkennbar, durften oft bei jüdischen Familien zu Gast sein und lernten dabei eine taktvolle Herzlichkeit kennen, an die ich dankbar und wehmütig zurückdenke. Gedenken darf ich hier besonders der Familien Benjamin Brühl in Dubno, Zygmund Licht in Sambor und der Familie Fleiszer in Rzeszów. In Warschau verbrachte ich viele Wochen, eine glückliche Zeit meines Lebens.

Mein Leben im Ausland von 1933 bis 1938 bestimmte meine Entwicklung als junger Mensch. Ich bewegte mich in einer damals noch freien Welt, unter Menschen aller Nationalitäten, Rassen, Anschauungen, ich konnte Bücher und Zeitungen lesen und Informationen in mich aufnehmen, die in Deutschland seit 1933 nicht mehr zugänglich waren. Kurz: ich sah Deutschland – Nazi-Deutschland, besser gesagt –, wie es wirklich war. Das machte mich nicht nur gegen seine Versuchungen immun: es machte mich zum Gegner.

1938 war ich in Wien, als die deutschen Truppen einmarschierten. Mein Paß lief ab und meine schon mehrmalige Zurückstellung vom Wehrdienst wurde nicht mehr verlängert. Ich wurde in Wien gemustert, ging nach Berlin und arbeitete dort im Geschäft meiner ebenfalls nach Deutschland zurückverschlagenen Eltern. Am 27. August 1939 bekam ich meinen Stellungsbefehl für den nächsten Tag. Ausbildung bei der Kraftfahrersatzabteilung 3 in Rathenow. November 1939 bis Mitte Dezember 1940 bei der leichten Pionierkolonne 627 (Feldpostnummer 09216), Teilnahme am Frankreichfeldzug. Am 15. Dezember 1940 wegen meiner fotografischen Kenntnisse versetzt zur Propaganda-Ersatz- und Ausbildungsabteilung, Potsdam. Anfang 1941 als Fotolaborant versetzt zur Propaganda-Kompanie 689 (Feldpostnummer 21022) nach Warschau.

Das war mein Wiedersehen mit dieser Stadt.

Hier möchte ich zwei Kameraden erwähnen, Köhler und Krause, beide ebenfalls Fotolaboranten bei der Kompanie 689. Wir durften uns gegenseitig als zuverlässige Freunde betrachten, und mit ihrer Hilfe und Mitwisserschaft wurden meine Kleinbildfilme, die Negative der in diesem Buch gezeigten Bilder, heimlich in der Kompanie-Dunkelkammer entwickelt, versteckt gehalten und später fortgeschafft. Danach erübrigt es sich, etwas über die politische Gesinnung unserer kleinen Gruppe zu sagen. Meine damalige Frau, Marianne Heydecker († 1968), die dienstverpflichtet worden war und sich freiwillig nach Warschau gemeldet hatte, um in meiner Nähe zu sein, brachte die Negativstreifen unter Lebensgefahr – Hausdurchsuchungen durch die Gestapo aus mehreren, hier nicht weiter erwähnenswerten Gründen – über das Kriegsende hinweg.

Im September oder Oktober 1941 wurde ich aus Rußland, wo sich die Kompanie etwa in der Gegend von Roslawl befand, nach Potsdam zurückversetzt. Schreibstubendasein bei der Ersatzabteilung bis 11. August 1944, dann Versetzung zu einer Volksgrenadierdivision, Panzerjägerabteilung 337 (Feldpostnummer 25361), nach Piaseczno an der Weichsel, unweit von Warschau. Seit 5. Januar 1945 im Lazarett Beelitz bei Berlin, bei Annäherung der Sowjetarmee am 22. April entlassen, nach Westen gewandert und am 1. Mai 1945 in Vellahn an der Elbe, in einer Kanalröhre verborgen, von den Amerikanern »überrollt«. Zu meiner Frau nach Bad Liebenstein in Thüringen durchgeschlagen: sie hatte noch immer die Negative in ihrem Besitz.

Wir zeigten sie eines Tages Captain Kilbourn von der amerikanischen Militärregierung Bad Liebensteins. Er erkannte, daß sie sichergestellt werden müßten und gab uns einen Ausnahme-Passierschein zum Verlassen Thüringens in Richtung Bayern, wenige Tage vor der Veränderung

Der Verfasser (×) am 1. März 1941 mit seinen Kameraden im Warschauer Getto (rechts Krause; eingeblendet Köhler, der dieses Bild aufnahm; Erläuterung siehe Seite 32).

der Demarkationslinie zugunsten der Russen. So kamen die Filme nach München. Auch der damalige amerikanische Intendant von Radio Munich, Field Horine, sah die Negative und forderte mich auf, im Rundfunk über das Warschauer Getto zu sprechen.

Ich sprach am 4. November 1945. Meines Wissens war das der erste Augenzeugenbericht eines Deutschen. Wenige Tage später wurde ich von Horine als Rundfunkberichterstatter nach Nürnberg geschickt. Dort begann am 20. November der Prozeß gegen die Hauptkriegsverbrecher, dem ich bis zu seinem Ende beiwohnte.* Es folgten Jahre journalistischer und schriftstellerischer Tätigkeit. Ende 1960 nahm ich mit meiner Familie Wohnsitz in Brasilien.

Hier befinden sich heute auch die Negative. Von den meisten wurden nach Jahren erstmals Vergrößerungen hergestellt, eine Arbeit, die meine Frau, Charlotte Heydecker, in ihrem Laboratorium in São Paulo besorgte. Sie war 1941, als ich die Aufnahmen machte, noch ein kleines Kind. Jetzt sah sie, allein in ihrer Dunkelkammer, die verstummte Vergangen-

* Siehe mein Buch ›Der Nürnberger Prozeß‹. Verlag Kiepenheuer & Witsch, Köln 1958.

heit aus der Entwicklungsschale wieder in die Gegenwart treten. Wir haben eine damals neunjährige Tochter: meine Frau sah zum erstenmal die armen, kleinen, gequälten Kinder aus den Straßen des Warschauer Gettos, die wir alle auf dem Gewissen haben, und sie gestand mir – ich darf es ohne Scham niederschreiben –, daß sie bei dieser Arbeit weinen mußte.

Weshalb vierzig Jahre vergangen sind, ehe ich die Bilder veröffentlichte, kann ich kaum erklären. Es fehlte mir einfach die Kraft, den Text dazu zu schreiben, so oft ich auch damit begann. Sie fehlt mir noch immer. Aber ich schreibe nun, was mir noch in der Erinnerung brennt, mit allen Schwächen, weil die Zeit nicht unerschöpflich ist.

Als ich Anfang Januar 1941 in Warschau ankam, ein verzweifelter Soldat dieses Krieges, lag Schnee auf den Ruinen und grauer Matsch in den Straßen. Das deutsche Artillerie- und Luftbombardement hatte die lebensvolle Metropole der Vorkriegszeit mit Trümmern bedeckt. Zum erstenmal sah ich, was später ein allgemeiner Anblick in Europa wurde: eine zerschlagene Großstadt, stehengebliebene Mauern mit den Spuren früherer Stockwerke, leere Fenster, kahle Schuttfelder. Auch die Menschen sahen grau, geschlagen und hoffnungslos aus. Die Uniformen der deutschen Wehrmacht und anderer Einheiten verfremdeten das alte Straßenbild noch mehr. Vor den Gebäuden, in denen militärische Dienststellen oder Angehörige der deutschen Zivilverwaltung untergebracht waren, bettelten frierende Kinder. Sie leierten monoton den eingelernten Spruch: »Bit-te Herr ein Stück-chen Brot!«

Der Dienstbetrieb in meiner neuen Einheit – sie war in einem Schulgebäude in der Wolska untergebracht – ließ mir viel Zeit. Was war aus meinen Freunden und Bekannten geworden, mit denen ich 1937 so viele Stunden verbracht hatte? Ich fand keinen, und ich war eigentlich froh darüber. Wie hätte ich ihnen als deutscher Soldat gegenübertreten sollen? Trotzdem – nach einiger Zeit suchte ich Marguitta Olsiańska. So merkwürdig es heute klingt: das Einwohneramt Warschaus funktionierte noch. Dort erhielt ich die Adresse, Ulica Dzielna 27 m 7. An einem der nächsten dienstfreien Abende nahm ich eine Pferdedroschke und gab dem Kutscher die Straße an. Er fuhr, und fuhr schließlich auf eines der Gettotore zu. Ich war in Uniform, und der Kutscher dachte wohl, alles sei in Ordnung. Erschrocken ließ ich anhalten, ich wollte nichts mit den Wachen zu tun bekommen. Der Kutscher erklärte mir, die Dzielna liege im Getto.

Von diesem Abend an war ich direkt mit dem Problem konfrontiert, das mich seit den ersten Tagen meines Wiedersehens mit Warschau beschäftigte.

Das Getto war im Januar 1941 eine noch neue Einrichtung. Die Umfassungsmauer war kurz zuvor gebaut worden, an vielen Stellen noch nicht fertig. An den wenigen Ein- und Ausgängen lagen Stacheldrahtsperren über der Straße. Deutsche und polnische Polizei übte die Kontrolle aus. Eine Straßenbahn fuhr durch einen schmalen Korridor des Gettos, ohne anzuhalten. Sie wurde oft von Neugierigen benutzt, die bei dieser Fahrt einen Blick hinter die Mauer werfen wollten. Andere Neugierige standen täglich an den Eingängen. Sie sahen zu, wie die Ein- und Ausgehenden von den Polizeiposten kontrolliert und zusammengeschlagen wurden. Damals noch durften Bewohner des Gettos einzeln oder in Gruppen zu außerhalb des Sperrbezirks gelegenen Arbeitsstätten gehen. Bei ihrer Rückkehr spielten sich häufig unmenschliche Szenen ab. Ich habe darüber in meinem Rundfunkbericht gesprochen. Es kam vor, daß Kinder, die ein Brot zu schmuggeln versuchten, niedergeschossen wurden. Männer, auch ehrfurchtgebietende Greise, wurden von deutschen Polizeiposten blutig geboxt. Oft gab es dabei anfeuernde Rufe aus der Menge der Zuschauer.

Die Zuschauer. Soldaten aller Dienstgrade zumeist, auch Offiziere, dann oft deutsche Zivilisten aus der Verwaltung des Generalgouvernements, Sekretärinnen, uniformierte Beamte, Arbeitsdienst, Eisenbahner, Rotkreuzschwestern. Ich habe dort, glaube ich, alle Uniformen aller Einheiten und Organisationen gesehen. Die meisten standen lange, stumm und mit verschlossenen Gesichtern, beobachteten das Ein- und Ausgehen, die Kontrollen, die Brutalitäten. Einige wendeten sich ab, einige ließen sich zu Ermunterungen hinreißen. Die meisten verharrten schweigend und ohne ein Zeichen ihrer Gedanken und Gefühle erkennen zu lassen. Nichts läßt sich darüber aussagen. Aber es darf festgestellt sein: Wir alle haben es zur Kenntnis genommen. Die Vorgänge an den Warschauer Gettotoren haben im Laufe der langen Zeit von 1941 bis 1943 hunderttausende oder noch viel mehr Menschen gesehen, sicher fast jeder, den sein Kriegsschicksal einmal nach Warschau führte – und das waren Millionen.

In jenen Tagen füllte sich das Warschauer Getto, überfüllte sich, und immer mehr Unglückliche aus den Westprovinzen Polens und auch aus anderen Gebieten wurden hineingestopft. Die Juden, die aus ihren Heimatorten vertrieben worden waren, kamen in kläglichen Trecks in Warschau an. Mit ihren Bauernwagen, vollgepackt mit armseligem Hausrat, Frauen, Kindern, Kranken, zogen sie durch die Kälte heran, ein oder zwei Pferde vorgespannt. Jeden Tag von früh bis spät knirschten die Wagen durch den Schnee stadtwärts. Sie kamen an der Wolska-Schule vorbei, die unserer Kompanie als Unterkunft diente. Vom Dach dieses Gebäudes herab machte ich an einem späten Januartag die ersten Aufnahmen der jüdischen Tragödie. Einige Zeit danach wagte ich es – wohl im Schutz der Wehrmachtuniform, aber doch stets in der Angst, zur Rede gestellt zu werden –, auch an den Gettotoren zu fotografieren.

Die Frage nach meinem Motiv ist berechtigt. Sachlich vorausschicken möchte ich nur, daß ich niemals in offizieller Eigenschaft als Angehöriger einer Propagandakompanie fotografierte. Ich war Laborant, nicht Berichterstatter. Ich fotografierte allein aus eigenem Antrieb und auf eigene Gefahr, ohne Auftrag und glücklicherweise auch ohne Wissen irgend einer Dienststelle. Leider gelingt es mir nicht, zu schildern, wie es damals in mir aussah. Ich war von Scham, Haß und Ohnmacht zerrissen. Ich wünschte glühend eine gründliche und rasche Niederlage Deutschlands und sah doch, wie lange es bis dahin noch dauern würde.

Ich fotografierte, um die Schmach festzuhalten – gewissermaßen, um

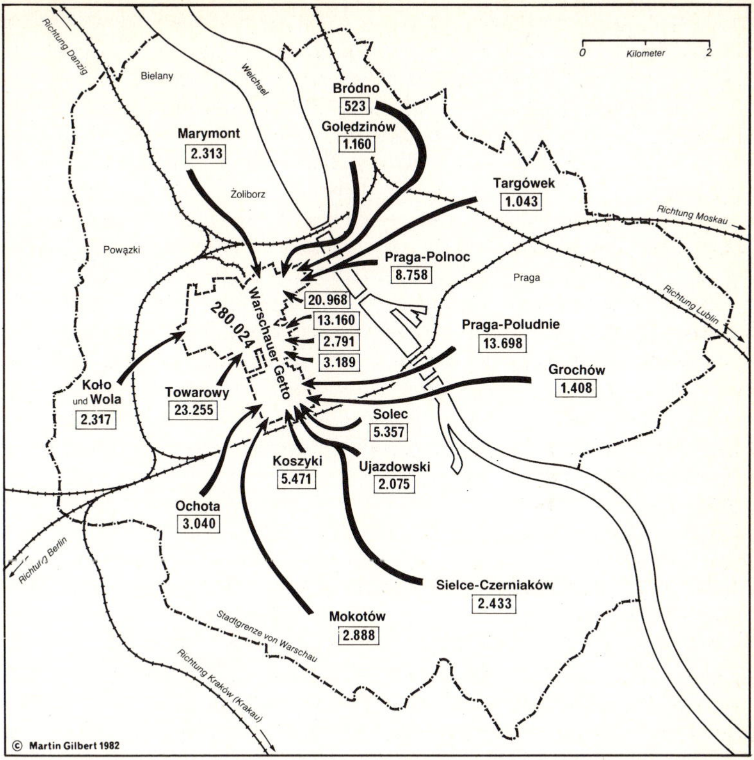

Verschleppung von Warschauer Juden ins Warschauer Getto, November 1940.

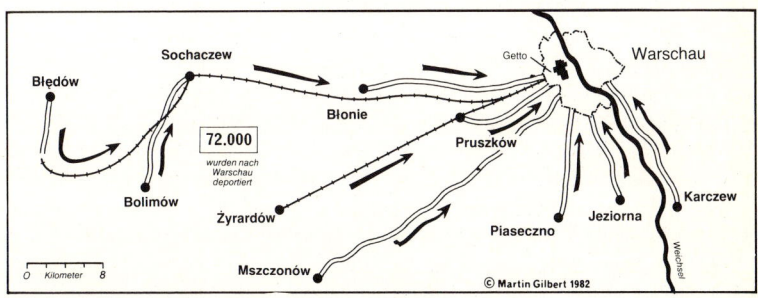

Juden-Deportationen ins Warschauer Getto, Februar bis März 1941.

Aus: Martin Gilbert: Endlösung. Die Vertreibung und Vernichtung der Juden. Ein Atlas (rororo aktuell 5031). Copyright © 1982 by Rowohlt Taschenbuch Verlag GmbH, Reinbek bei Hamburg.

den Schrei zu konservieren, den ich in die Welt hätte hinausschreien wollen. Mehr kann ich dazu nicht sagen.

Meine Schuld ist, daß ich sah, dabeistand und fotografierte statt zu handeln. Schon damals fühlte ich dieses furchtbare, undurchdringliche Problem. Feige die Frage: Was hätte ich tun können? Etwas. Mit dem Seitengewehr einen der Posten niederstechen. Den Karabiner gegen Vorgesetzte richten. Überlaufen und auf der anderen Seite kämpfen. Den Dienst verweigern. Sabotage treiben. Befehlen nicht gehorchen. Den Tod hinnehmen. Niemand, so sehe ich es heute, kann uns davon absolvieren.

Am 25. Juni 1941, wenige Tage nach dem Beginn des Rußlandfeldzuges, wurde unsere Kompanie zur Säuberung eines Waldes bei Rozana in Wolhynien eingesetzt. Wir verloren einen Mann und machten Gefangene. Drei davon waren verwundet und konnten nicht mehr gehen. Sie lagen auf einer Waldlichtung, wo sich unser Trupp sammelte. Man hätte die verwundeten Russen auf abgehauene Äste setzen und forttragen lassen können. Ganz selbstverständlich begannen wir damit, aber unser Kompaniechef, Oberleutnant Thürmer, sagte: »Quatsch, die werden umgelegt.« Wir standen in einem losen Halbkreis auf der Waldlichtung. Er sah langsam in die Runde, auf einen nach dem anderen. Sein Blick streifte mich und glitt weiter. Dann bestimmte Thürmer zwei andere Kompanieangehörige. Er gab ihnen Befehl, die drei Verwundeten zu erschießen. Wir zogen mit den nicht verwundeten Gefangenen ab. Ich sah, wie die Kameraden auf die hilflosen Menschen, die dort im Gras hockten, anlegten, ich hörte die Schüsse. Befehl ausgeführt. Ich höre sie noch, und immer mit der quälenden Frage, was ich getan haben würde, wenn der Finger des Kompaniechefs auf mich gedeutet hätte. Es ist an mir vorbeigegangen. Aber wenn? Wenn? Ich weiß auch heute keine Antwort, über vierzig Jahre danach. Ich weiß nur, daß dann eine Entscheidung hätte fallen müssen, die zu treffen mir allein durch zufällige Umstände erspart blieb.

An einem der ersten Tage des Februar 1941 kletterte ich spät nachmittags über die Mauer des Warschauer Gettos. Wenn mich mein Gedächtnis nicht trügt, war das dort, wo die Panska-Straße von der breiten Marszalkowska abzweigt. Es kann auch eine Seitenstraße vorher oder nachher gewesen sein. An der linken Ecke befand sich eine früher polnische, zu jener Zeit deutsche Konditorei. Die Panska, wie alle diese Seitenstraßen, führte einige zwanzig Meter von der Marszalkowska fort und war dann von der Gettomauer gesperrt. Hier lagen Ruinengrundstücke, und die Mauer ließ eine Lücke frei, die von einem polnischen Polizisten bewacht wurde – ich habe das an einem anderen Tag auch mit der Kamera festgehalten. Es war schon dunkel. Es schneite und war nicht kalt. Ich ging in die Seitenstraße bis zu der Mauerlücke, stand unschlüssig herum – in Uniform übrigens –, und der polnische Polizist fragte mich endlich in holprigem Deutsch, was ich wolle. Ich erklärte es ihm in noch ungelenkerem Polnisch. Er sah die Straße entlang, prüfte die Situation und machte mir dann mit Hand und Augen ein rasches Zeichen: »Raz, dwa!« – eins, zwei! Ich sprang auf den Trümmerhaufen und auf der anderen Seite wieder hinunter.

Ich war im Getto.

Ein jüdischer Polizist, der jenseits Wache zu halten hatte, grüßte den deutschen Soldat, der da plötzlich über die Mauer gekommen war, stramm militärisch. Ich sagte »Guten Abend« und ging weiter in die leere Panska hinein. Es gab hier viele Ruinen. An der nächsten Ecke traf ich Menschen. Sie trugen am rechten Ärmel die weiße Binde mit dem Davidstern. Die Männer zogen tief die Hüte und Mützen, sobald sie meiner ansichtig wurden. Das war eine der Vorschriften, die ihnen von der deutschen Besatzungsmacht auferlegt waren. Es beschämte mich, ich konnte es aber nicht verhindern. Ich hielt eine Pferdedroschke an, setzte mich tief in den Schatten des hochgeklappten Daches und nannte dem Kutscher die Dzielna. Die Droschke fuhr durch schwach beleuchtete Straßen, die von Menschen überfüllt waren. Voll Angst sah ich hinaus. Ich war in einem Gebiet, dessen Betreten streng verboten war. Nicht eine einzige Ausflucht wäre mir eingefallen, wenn ich entdeckt worden wäre. Das Kriegsgericht wäre sicher gewesen. Aber darauf bezog sich meine Angst nicht, oder doch nur entfernt. Ich hatte Angst, jetzt der vollen Wahrheit zu begegnen. Die Wahrheit war rings um mich, in den tausend elenden Menschen, die im Halbdunkel der Straßen kaum zu unterscheiden waren. Ich war mitten in einem entsetzlichen Geheimnis der deutschen Reichsmaschinerie. Ich hatte Angst vor der Wahrheit, der ich in der Dzielna gegenübertreten mußte. Aber ich wollte die Wahrheit wissen.

Es gab ein Hindernis. Die Droschke hätte, um zur Dzielna zu gelangen, das Getto verlassen, durch einen Streifen »arisches« Gebiet und dann wieder ins Getto hineinfahren müssen. Durch zwei deutsche Kontrollposten also. Der Kutscher meinte, für einen deutschen Soldaten sei das keine Schwierigkeit. Ich bemerkte die Gefahr in letzter Minute, als das Tor schon in Sicht war, ließ wenden und mich zum Ausgangspunkt der Fahrt zurückbringen. Dort konnte der Kutscher einen größeren Zlotyschein nicht wechseln. In der Nähe sah ich ein Geschäft, ich glaube mich zu erinnern, daß es eine Metzgerei oder ein Krämerladen war. Eine Glühbirne hing von der Decke und brannte mit der üblichen Unterspannung. Das trübgelbe Licht schien auf starre, von einem mühsamen Lächeln bedeckte Gesichter. Ich sah, daß ich den Menschen Furcht einflößte, wurde wieder an meine Uniform erinnert. Offenbar gelang es mir mit ein paar Worten, die Situation zu entspannen. Jemand wechselte mir das Geld.

Meine Mutter war eine kleine, im Alter sehr zierliche und etwas gebeugte Person. Sie war weitgereist, hatte intelligente Augen und konnte auch in späteren Jahren nicht davon ablassen, sich etwas zu jugendlich zu kleiden und zu schminken. Sie gehörte zu jenen älteren blassen Damen, die man in Kurorten findet und deren Rouge und nachgezogene Brauen ein wenig rührend wirken. Beim Verlassen des Ladens legte eine kleine, zierliche Dame, die genau so aussah, ihre Hand auf meinen Arm und fragte in gutem Hochdeutsch: »Ach, sagen Sie, Herr Soldat, was soll das alles bedeuten, wie lange wird das noch dauern?«

Sie war erst vor wenigen Tagen hier angekommen, ich weiß nicht woher, ganz desorientiert, ohne noch zu begreifen, was ihr geschehen war. Ich kann nicht niederschreiben, was ich antwortete. Es war töricht und nichtig, eine falsche Hoffnung wider meine innere Gewißheit. Roosevelt, er hatte gerade die ›Vier Freiheiten‹ verkündet, Amerika. Ich sagte »bald« und wußte, daß es spät sein würde. Sie weinte. Ich lief zur Droschke, zahlte und schwang mich über die Mauer zurück in die Legalität.

Wenige Abende später sah ich, daß derselbe Polizist wieder die Mauerlücke bewachte. Es war etwa sechs Uhr und schon dunkel. So kam ich zum zweitenmal ins Getto. Es war sehr kalt. Meine Erinnerung läßt mich jetzt im Stich. Ich weiß nicht mehr mit Sicherheit, wie ich zur Dzielna kam, auf welchen Umwegen zu Fuß; ich glaube, es war da eine Holzbrücke, die über den »arischen« Korridor führte. Es kann aber auch sein, daß ich diese Holzbrücke nur später einmal auf einer Fotografie vom Krakauer Getto gesehen habe. Das verwischt sich. Jedenfalls habe ich die Dzielna erreicht und das Haus Nummer 27 gefunden. Dunkel weiß ich noch, wie peinigend der lange Weg war, das von meiner Uniform erzwungene ehrerbietige Grüßen, wie manche Menschen bei meinem Erscheinen in Haustore zurücktraten, die Straßenseite wechselten. Ich spürte die Blicke in meinem Rücken. Hier war ich ein Aussätziger.

Die Dzielna war eine nicht sehr breite, nur wenig belebte Straße. Das Haus rechts neben Nummer 27 war ausgebombt, eine Schutthalde, von Schnee bedeckt. Haus Nummer 27 war nicht von der Straße her zu betreten, der Eingang lag an der Seite neben dem Ruinenfeld. Als ich an die Tür kam, bemerkte ich einen alten Mann. Er trug einen schwarzen Kaftan, hatte einen weißen Bart, zog sein Käppchen tief vom Kopf und machte eine herzergreifende Verbeugung. An seiner Hand, die das Käppchen hielt, sah ich, daß er zitterte. Sicher wußte er nicht zu unterscheiden zwischen den vielen deutschen Uniformen, den Rangabzeichen (ich trug am Ärmel nur den Stern des Obersoldaten). Die Haustür war ein wenig geöffnet, und ich bemerkte, daß durch den Spalt andere Menschen herausspähten.

Wie Blei fühlte ich meine Stiefel, den feldgrauen Mantel, das schwarze Koppel, die Dienstmütze. Das jiddische Wort für Angst fiel mir ein, moire. Ich benützte es und sagte dem Mann, niemand brauche Angst zu haben, ich sei ein Freund. Ich fragte ihn, wer er sei. Der Hausmeister, verantwortlich für dieses Haus und seine Menschen. Ich bot ihm Zigaretten an. Warschau war damals voll von amerikanischen Camel- und Lukky-Strike-Zigaretten. Er nahm sie nicht an, hielt immer noch das schwarze Käppchen in seiner Hand. Ich fragte nach Marguitta Olsiańska und erklärte ihm, polnisch radebrechend, es handle sich um eine liebe Bekannte aus der Zeit vor dem Krieg. Ich konnte nicht sehen, ob ihn das beruhigte oder noch ängstlicher stimmte. Er machte wieder eine dieser erschütternden Verbeugungen und sagte, er werde mich sofort zu ihr führen.

Die Tür des Hauses hatte keine Klinke und kein Schloß. »Alle Türen müssen offen sein und dürfen nicht abgesperrt werden«, erklärte er mir auf eine Frage. Wir betraten einen fast dunklen Hausflur und stiegen eine Holztreppe hinauf. Flur und Treppe waren voll Menschen. Sie lagen auf dem Boden, saßen auf den Stufen, in Mäntel, Decken und Lumpen gehüllt. Frauen hielten eingemummte Kinder auf den Knien. Alle drückten sich zur Seite, um mir Platz zu machen. Viele wollten aufstehen, wie es ihnen in Anwesenheit eines Deutschen befohlen war. Ich machte ihnen ein unbeholfenes Zeichen, sich nicht um mich zu kümmern. Ich brachte es nicht fertig, in ihre Gesichter zu sehen. Sie umwogten mich wie ein Angsttraum, während wir die Treppe hinaufstiegen. Auch die Wohnungstür war ohne Schloß. Ein kleiner Junge hielt sie weit geöffnet; meine Ankunft und mein Begehr hatten sich längst im Haus herumgesprochen. Ich konnte ungehindert eintreten und stand gleich darauf in einem geräumigen Zimmer, im ehemals herrschaftlichen Salon eines bürgerlichen Stadthauses. Der Raum war von mehreren Familien oder Gruppen bewohnt, die sich in den Ecken und entlang den Wänden auf dem Boden eingerichtet hatten. Es gab nur zwei Stühle, einen ovalen, einbeinigen Tisch und einen Diwan, der in der Mitte des Zimmers stand. Etwa zwanzig Menschen waren anwesend. Die meisten schliefen auf dem stumpfen Parkettboden auf untergelegten Decken oder Zeitungspapier, mit Mänteln zugedeckt. In einer Ecke saß eine Frau und versuchte, ein wimmerndes Kind zu beruhigen. Es fiel mir jetzt erst auf, daß nur Frauen in diesem Raum waren, Mädchen und Kinder. Auf den ersten Blick waren ihnen Entbehrungen, notdürftige Hygiene und seelische Qualen anzusehen. Eine erstickende Luft herrschte. Die Fenster waren geschlossen, zugenagelt, das Glas mit blauer Ölfarbe undurchsichtig gemacht.

Später wurde mir erklärt, die Fenster seien auf Befehl zugenagelt und angestrichen worden, weil sie einen Ausblick auf den Pawiak gestatten würden, das deutsche Gestapo- und SD-Gefängnis. Der Name Pawiak war ein Schreckenswort während der deutschen Besetzung Warschaus. Der Gebäudekomplex lag genau hinter der Dzielna-Straße, man hätte von den rückwärtigen Fenstern in den Gefängnishof blicken können. »Wir hören immer die Schüsse«, erzählten mir die Bewohner des Zimmers, »manchmal tags, häufig nachts, auch Schreie, wenn die Stadt still ist.«

Die Bewohner des Zimmers erzählten mir mehr. Die Mutter von Marguitta Olsiańska bereitete auf einem Petroleumkocher etwas Tee. Trotz der Überfüllung des Raumes war es kalt. Wir saßen in Mäntel gehüllt, und ich war froh, ebenfalls meinen Mantel anbehalten zu können, weil damit das Hakenkreuz auf der Uniformbrust verdeckt blieb. Was ich aus den Erzählungen der Frauen erfuhr, auch aus den Berichten über ihre persönlichen Leiden und Schicksale, bis sie in diesem luftlosen Verlies

angekommen waren, in diesem erdrückenden Zimmer mit den ewig ge-
schlossenen, hohen blauen Fenstern, mit der überladenen Stuckdecke,
dem grauen Parkett, den schäbig gewordenen Tapeten, dem gespensti-
schen Mobiliar, den Schlafenden, leeren Blickes Herumhockenden – was
mir die Frauen an diesem Abend erzählten, zerstörte den letzten Rest
meines Glaubens, daß es ein Deutschland gäbe, das dies alles nicht zulas-
sen würde.

Sie sprachen von den Deutschen, ohne herumzuklügeln, ob es nun SS,
Wehrmacht, Polizei oder wer weiß was sonst gewesen sei – alle ihre
Peiniger bei der Austreibung aus den Landgemeinden waren jedenfalls
Deutsche gewesen. Eine der Frauen hatte ihren Sohn verloren, noch nicht
zwanzig, wie sie sagte, der seine Mutter vor den Schlägen eines Deutschen schützen wollte; er wurde auf dem Hof erschossen. Ihr Mann war
schon zuvor aus dem Haus gezerrt worden und seither verschollen. Eine
andere Bewohnerin des Zimmers hatte im westlichen Teil Warschaus eine
schöne Wohnung in einem modernen Haus besessen, bis zwei Deutsche
erschienen, junge Sekretärinnen der Gouvernementsverwaltung, und sie
mit einem Zettel in der Hand aufforderten, binnen einer Stunde die Wohnung zu räumen und alles zurückzulassen, höchstens einen Koffer mit
persönlichen Sachen mitzunehmen. Damals war die Umzugsverordnung
Fischers noch nicht erlassen, und die Frau konnte sich auf vorsichtige
Weise davon überzeugen, daß die beiden Angestellten in die »Judenwoh-
nung« eingezogen waren und von Mobiliar, Hauswäsche, Geschirr, Tep-
pichen, Radio, Bildern, Silber und Büchern Besitz ergriffen hatten – übrigens ein alltäglicher Fall im deutsch besetzten Polen. Die beiden Damen
Olsiańska, schon vor dem Krieg in der Dzielna zu Hause, waren am
meisten bedrückt von der Enge, von der Unheimlichkeit des nahen Pawiak, von der Ungewißheit ihres Schicksals. Alle, die bald an dem Ge-
spräch teilnahmen, sprachen vom Hunger. Das Getto war damals noch
nicht allzu lange Zeit abgesperrt, es gab noch Reserven da und dort, aber
zu Preisen, die den überwiegenden Teil der Bewohner vom Kauf aus-
schlossen. Wer nichts zum Verkaufen oder Tauschen besaß, Schmuck,
Hausrat, Pelzmäntel oder was sonst immer Wert haben mochte, mußte
einfach verhungern, die einen schneller, die anderen langsamer. Die Menschen starben unter freiem Himmel im Schnee, oder sie wurden nachts
aus den Häusern getragen, nackt (denn selbst die abgerissenste Kleidung
besaß noch Wert), mit Zeitungen bedeckt an den Randstein gelegt, damit
sie am nächsten Morgen der Totenkarren auflesen und zum Friedhof
bringen konnte. Sie bekamen einen Zettel mit dem Namen, falls sie einen
hatten, an die rechte Zehe gebunden, wurden für das Sterberegister des
Judenrates notiert und in die Kalkgrube geworfen. Eine ordentliche Be-
stattung war selten und nur den Familien möglich, die Geld dafür ausge-
ben konnten. Die Frauen erzählten mir auch von den gelegentlichen
Razzien, die von den Deutschen im Getto veranstaltet wurden, von Men-
schenjagden auf der Straße, wie sie auf Fliehende schossen, lachend, be-

sonders wenn die Opfer ungeschickt waren, Kaftan und Schläfenlocken trugen und sich im Fall überschlugen.

Es war zu viel und es ist zu lange her, als daß ich mich an mehr Einzelheiten erinnern könnte. Ich weiß nur noch, wie die Frauen um mich her hockten – ich saß, wo man mich hingesetzt hatte, auf dem Diwan –, und daß alles, was sie mir berichteten, mich traf, meine Scham und meine Verzweiflung erhöhte. Dies alles war ein nacktes, teuflisches Verbrechen.

Ich ging mit der Überzeugung, daß es allen diesen unglücklichen Menschen bestimmt war, bewußt und vorbedacht bestimmt war, getötet zu werden. Wenn die Grenzen des Menschentums schon so weit überschritten waren – was sollte den Haß noch hindern, bis ans Ende zu gehen? Zu nutzlosen, tiergleichen Schädlingen erklärt, konnte es für diese Verdammten nach der nationalsozialistischen Ideologie keinen Platz im deutschen Machtbereich geben. An ein »jüdisches Siedlungsgebiet« im überall fieberhaft germanisierten Generalgouvernement war ebenfalls nicht zu denken. Was mir die Frauen in jenem schrecklichen Zimmer erzählt hatten, ergänzte, was ich selbst sah und was ich mir, als Deutscher im deutschen Wehrmachtmilieu, an fünf Fingern ausrechnen konnte. Ich glaubte fest, daß wir den Plan hatten, das Warschauer Getto und die vielen anderen Gettos im besetzten Polen dem Hungertod zu überlassen. Mit dieser Überzeugung kehrte ich zu meiner Einheit zurück. Auch auf meinem Koppelschloß stand »Gott mit uns«.

Ich sprach mit Köhler und Krause. Sie versuchten, mich zu beruhigen. Manchmal wünschte ich, nie die Wahrheit gesucht zu haben. Aber sie ließ sich nicht mehr vertreiben. Ende Februar 1941 kam meine Frau nach Warschau. Wir schmiedeten irre Pläne, ohne jede Möglichkeit, sie zu verwirklichen. Damals ging ich abermals ins Getto. Wieder in Uniform. Aber diesmal bei hellem Tageslicht und mit meiner Kamera. Rückblickend kann ich die Entschlossenheit, die mich damals zu dem Wagnis trieb, nicht mehr begreifen. Heute weiß ich auch, worüber ich mir 1941 keine Rechenschaft ablegte, daß es im Getto immer Gestapo-, SD- und SS-Leute gab, in Zivil oder in Uniform, denen ich hätte in die Hände laufen können. Wahrscheinlich hatte ich die möglichen Folgen nicht bis zum Ende bedacht. Eine mir heute ganz fremde, eine naive Tollkühnheit trieb mich in das Abenteuer, und was ich als Nachklang davon noch in mir aufspüren kann, war die Furcht, daß dies alles eines Tages niemand mehr glauben könnte, daß es daher für immer und unwiderleglich festgehalten werden müsse. So entstand der größte Teil der Bilder, die ich in diesem Buch vorlege.

Die Fotografien mögen für sich selbst sprechen. Auch kann ich mich nicht mehr an allzu viele Einzelheiten jenes Rundgangs erinnern, der etwa zwei Stunden dauerte. Ich marschierte durch die Straßen des Gettos, eine groteske Tatsache, eine Homme machine von einem anderen Gestirn, und vor mir teilte sich das dichte Gewoge der Menschen, sie wichen zurück, öffneten eine Gasse, sahen mich überrascht, scheu oder belustigt an. Einige Kinder und junge Burschen liefen in gewissem Abstand neugierig hinter mir her. Ab und zu blieb ich stehen und fotografierte, Straßenszenen, elende Kinder, einen bemerkenswerten Kopf, ein armes Gesicht. Es gab Schwierigkeiten. Ich habe – Jahre später – in Holland Fischer, auf Ceylon Priester, in Bolivien Indianer fotografiert, ich trat auf sie zu, bat sie freundlich um die Erlaubnis: kein Problem. Im Getto von Warschau mußte die noch so freundliche Bitte eines deutschen Soldaten wie ein schrecklicher Befehl wirken. Einige Männer, noch in ihrer Erniedrigung von prachtvoller Würde, sprach ich an, erklärte ihnen meinen Wunsch, bat sie, ein Porträt machen zu dürfen – doch es half nichts, sie willigten ein, aber ebenso, wie sie es wohl erduldet haben würden, wenn ich sie für verhaftet erklärt hätte. Sie nahmen die Kopfbedeckung ab und hielten erstarrt still, und ich mußte sie bitten, den Hut oder die Kappe wieder aufzusetzen. Dann wurde die Situation noch peinigender. Einige der Kinder, die mir nachfolgten und mein Tun beobachtet hatten, begannen jetzt wie Herolde vor mir herzulaufen. Sie wollten sich nützlich machen, auch ein paar Zloty verdienen, und sie hielten nun von sich aus Passanten an, die sie für fotografierwürdig hielten, trieben sie mir förmlich zu, gaben ihnen auch gleich die Anweisung, die Kopfbedeckung nicht abzunehmen. Einige Porträts sind so entstanden. Aber diese Ausartung meines Rundgangs brachte mich zur Verzweiflung. Das Kainsmal meiner Uniform brannte. Ich jagte die Jungen weg, sie kamen wieder. Mit mir bewegte sich ein immer größer werdendes Knäuel Neugieriger vorwärts.

Auf den Stufen eines großen Gebäudes fotografierte ich zwei Angehörige des jüdischen Ordnungsdienstes, der sogenannten Getto-Polizei. Als ich meinen Weg fortsetzte, folgte mir einer der beiden, und das machte meine bedrängte Lage noch schlimmer. Er lief bald vor mir her, schwenkte die Arme und rief laut, soviel ich verstehen konnte, man solle Platz machen, nicht herumstehen, weitergehen! Dann wandte er sich drohend gegen die Traube Neugieriger hinter mir. Ich sprach ihn an und bat ihn, mich allein gehen zu lassen. Er nahm militärische Haltung an und sagte in ziemlich gutem Deutsch etwa: »Bitte sehr, ich darf Sie nicht allein lassen, ich muß aufpassen.«

Ich sagte ihm, er solle nicht strammstehen, und er müsse auch nicht aufpassen, ich sei ganz harmlos. Etwa wie man als deutscher Zivilist einem Polizisten glaubhaft zu machen versuchen würde, daß man nicht verdächtig ist. Der Mann vom jüdischen Ordnungsdienst glaubte es so vollkommen, daß er lächelte und ein offenes Wort riskierte. Er sagte: »Das ist es nicht. Aber wenn Ihnen hier im Getto etwas passiert . . .« – »Es wird mir sicher niemand etwas tun.« – »Aber wenn . . .«, beharrte er und schwieg. »Was wäre dann?« Er sah mich noch einmal prüfend an. »Dann wird das Getto zur Verantwortung gezogen«, sagte er leise, daß es die Umstehenden nicht hören konnten, aber doch bestimmt und ernst. »Deshalb muß ich aufpassen, daß Ihnen nichts zustößt.«

Wir vereinbarten, daß er es so diskret wie möglich machen sollte, und von da an hielt er sich in einem unauffälligen Abstand, ließ mich aber keinen Moment lang mehr aus den Augen. Er zerstreute auf stille Weise die Neugierigen in meinem Gefolge, schickte die kleinen Herolde fort, und ich war schließlich sehr froh, ihn in meiner Nähe zu haben. Die Fotografien haben mir sein Gesicht wieder in Erinnerung gebracht, das Gesicht eines gefälligen jungen Mannes, und es ist, als sei daraus ein tragischer Blick zu lesen, eine Vorahnung des teuflischen Schicksals, das die Männer des jüdischen Ordnungsdienstes bald dazu verdammte, ihre eigenen Leidensgenossen zur deutschen Schlachtbank zu treiben, bis sie schließlich selbst den gleichen Weg gehen mußten.

Nachdem sich der Knoten meines Abenteuers gelöst hatte, setzte ich den Weg fort, beschränkte mich darauf, Straßenszenen, arme Kinder, zufällige Gruppen zu fotografieren; die Pein, die das Porträtieren für beide Teile heraufbeschworen hatte, ließ mich vor einer Wiederholung zurückschaudern.

Außer dem, was meine Bilder berichten, ist nur wenig noch von meinem Rundgang zu sagen. Obwohl sich die Verhältnisse im Getto nach dem Beginn des Rußlandfeldzuges rapid und grausig verschlechterten, waren sie schon zur Zeit meines Besuches über alle Vorstellungskraft schrecklich. Gewiß, es gab damals noch gut gekleidete und gut genährt aussehende Menschen im Getto – sie fielen als Einzelerscheinungen sofort auf –, es gab Vergnügungen, Theater, Zeitungen, Schwarzmarktdelikatessen und sogar Luftballons. Auf einem der hier gezeigten Bilder ist ein Luftballonverkäufer zu sehen. In all den vergangenen Jahren, bis diese Aufnahme vergrößert wurde, hätte ich die Frage, ob mir je im Getto ein Verkäufer von Kinderluftballons begegnet ist, als unpassend bezeichnet und jeden Eid geleistet, daß dies nicht der Fall gewesen sei. Dennoch, die Fotografie beweist es: selbst Luftballons gab es anfangs noch im Getto von Warschau. Wie vorsichtig muß man mit Erinnerungen sein.

Aber rückschauend, wissend um die erbärmliche Ausrottung auch der Kinder des Gettos – diese Luftballons? Sie schweben, ein Symbol aller Ausnahmen, über einem Meer von Elend und Verzweiflung. Die meisten Menschen, die ich in den überfüllten, brodelnden Straßen und Gassen des Gettos sah, waren abgerissen gekleidet, und vieltausendmal mehr, als ich fotografierte, waren in Lumpen gehüllt, kauerten, lagen oder schliefen an den Straßenrändern, wimmerten, flehten um eine Gabe, sie warteten vergebens, die Füße in alte Säcke gewickelt, mit Hungeraugen, hohlen Wangen, ohne Zuflucht vor der Kälte. Zu einem der herzzerreißenden Kinder hockte ich mich nieder. Es erzählte mir, daß es den ganzen Tag Lieder gesungen habe. Ich zählte die Münzen in seiner Bettelhaube: 26 Groszy, nach damaligem Wertverhältnis 13 Pfennig. Und fünf Jahre später berichtete ich in meinem Rundfunkvortrag: »Dabei waren die Preise für alle Dinge des Lebens schwindelhaft hoch. Nach deutschem Geld zahlte man für einen Laib Brot 200 Mark, für ein Paar gut erhaltene Schuhe 2000

Mark, für ein Pfund Ochsenfleisch 600 Mark. Zahlreiche Juden begingen in letzter Verzweiflung Selbstmord. Eine Dosis Zyankali wurde mit 4000 Mark gehandelt.«

Es war nicht übermächtiges Verhängnis, nicht schicksalhafter Untergang, dem diese Kinder, diese vielen zehntausend Menschen des Warschauer Gettos in Kälte, Entbehrung und Hunger erlagen, sondern geplante Vernichtung. Nicht allgemeine Knappheit an Wohnraum, Kleidung, Medikamenten, Nahrungsmitteln, nicht ein überall herrschender Mangel im deutschen Machtbereich lieferte sie dem Elend aus, sondern künstlich erzeugte Not, von Deutschen ersonnen und gegen wehrlose Gefangene hinter der Gettomauer in die Tat umgesetzt.

Ein vorsätzliches Verbrechen, so schrecklich, daß meine Kameraden Köhler und Krause nicht alles glauben wollten, was ich ihnen nach meiner Rückkehr erzählte. Sie sahen in der verschlossenen Dunkelkammer die Kleinbildstreifen. Sie wollten aber alles auch mit eigenen Augen sehen. Ich hatte nicht mehr die Kraft, mein Abenteuer zu wiederholen. Den Abgrund hinter mir, waren mir die Gefahren jetzt deutlicher bewußt.

Trotzdem fand sich eine Gelegenheit, das Getto noch einmal aufzusuchen. Wie schon erwähnt, war meine damalige Frau in der Inneren Verwaltung des Gouvernements Warschau dienstverpflichtet. Sie nutzte die Gier der Gouvernementsbeamten, bequeme Geschäfte, besonders mit Leicas, zu machen und »organisierte« unter der Vorspiegelung solcher Aussichten einen höchst dubiosen Passierschein. Er besagte, daß die Soldaten ... erstens, zweitens, drittens, viertens ... der Einheit Feldpostnummer 21022 berechtigt seien, das Warschauer Getto zu betreten, um dort dienstliche Einkäufe zu erledigen. Hoheitsadler, Hakenkreuz, Dienstsiegel, Unterschrift. Anweisung: nach Gebrauch vollständig zu vernichten. Eventuelle Ausrede: Einkauf von Zigaretten und Spirituosen für einen Kameradschaftsabend. Beide Waren kosteten im Getto zwar viel mehr als im übrigen Warschau, aber jeder mögliche Fragesteller hätte gewußt, das es deutschen Soldaten in dienstlichem Auftrag wohl leicht gewesen wäre, den Juden die Sachen einfach wegzunehmen.

Unser Dokument war also zwar illegal zustandegekommen, aber echt, und es stammte von der zuständigen Stelle der Gouvernementsverwaltung. Der Passierschein nannte unsere vier Namen, aber ich muß gestehen, daß mir der vierte nicht mehr einfällt. Wenn ich die Fotografie betrachte, auf der links unser vierter Mann neben mir und Krause zu sehen ist, glaube ich ihn sprechen zu hören, und sein Name will sich auf die Zunge drängen, ich erinnere mich an die ruhige, bedächtige Art dieses Kameraden und Mitwissers, dessen politische Empörung über den menschlichen Beweggründen immer noch einen deutschen Akzent hatte. Köhler, der die Aufnahme machte, ist in das Bild (Seite 19) eingeblendet.

Ganz offen und ohne jede Schwierigkeit betrat unsere Gruppe am 1. März 1941 das Getto von Warschau. Der deutsche Polizeiposten am Eingang warf pflichtgemäß einen Blick auf den Passierschein und sagte:

»Macht's gut.« Daß Köhler, Krause und ich je eine Kleinbildkamera umhängen hatten, war ihm sicher egal. An jenem Tag entstand ein weiterer Teil der in diesem Buch enthaltenen Bilder. Köhler und Krause belichteten bei dem Rundgang ebenfalls ein oder zwei Filme. Ich weiß nicht, was aus den beiden Kameraden und aus den von ihnen aufgenommenen Fotografien geworden ist – der Krieg trennte uns. Aber es gab ein Ereignis, das ich hier nicht unerwähnt lassen möchte. An einem späteren Tag ging einer der beiden, leider kann ich nicht mehr sagen, ob es Köhler oder Krause war (es ist sogar möglich, daß es sich um einen anderen Angehörigen unserer Einheit handelte), allein zum Gettofriedhof und fotografierte dort, wie die morgens in den Gettostraßen aufgelesenen nackten Toten auf Handwagen herangekarrt wurden, wie diese nur noch von dürrer Haut umspannten Skelette zu Haufen lagen und dann in die Massengräber geworfen wurden. Unvorsichtigerweise wurden von diesem Film in der Kompanie-Dunkelkammer einige Vergrößerungen im Format 9×12 cm hergestellt, von denen ich auch mehrere besaß.

Von irgend einer Seite her kamen solche Bilder in Umlauf und fielen prompt in die Hände eines undichten Kompanieangehörigen, der ebenso prompt Meldung erstattete. Es kam zu einer Untersuchung, der Fotograf verteidigte sich mit der naiven Masche, er habe das eben interessant gefunden, ohne an Folgen zu denken, zumal der Friedhof offen zugänglich gewesen sei. Die Negative wurden eingezogen, alle, die im Besitz von Bildern waren, mußten diese abliefern und eine eidesstattliche Erklärung unterschreiben, keine weiteren davon mehr zu besitzen. Damit war der Fall glimpflich beigelegt. Bemerkenswert war die Belehrung, die anschließend allen in den Fall verwickelten Soldaten von einem Offizier erteilt wurde. Er verlor kein Wort über die schauerlichen Tatsachen, die auf jenen Bildern zu sehen gewesen waren. Er betrachtete sie, sicher zu Recht, als allgemein bekannt und, sicher zu Unrecht, als jedem deutschen Soldaten selbstverständlich. Die Belehrung zielte allein darauf ab, welch unendlicher Schaden Deutschland hätte zugefügt werden können, wenn die Bilder in Feindeshand gelangt und dann zu einer »Greuelhetze« benützt worden wären. Bedenken, daß die Fotografien auch in Deutschland Empörung hätten wecken können, äußerte er nicht.

Nach diesem Vorfall unterblieben weitere Expeditionen ins Getto. Meine Negative ruhten in ihrem Versteck. Über vierzig Jahre lang bewahrten sie stumm die gespenstische Kulisse längst zu Staub zerfallener Häuser, die Gesichter und Gestalten von Menschen, die da leben, gehen, sprechen, durch verschwundene Straßen eilen, am Wege kauern, flehen und mit einem unergründlichen Blick in unsere Gegenwart schauen. Ich veröffentliche die Dokumente in polemischer Absicht. Sie vertreten noch heute und heute wieder denselben Sinn wie am fernen Tag ihrer Entstehung: meine Furcht, daß dies alles einmal niemand mehr wahrhaben möchte.

Während des Krieges war ich noch mehrmals in Warschau. Einmal bei einer Unterbrechung meiner Rückkehr aus Rußland zum Ersatztruppenteil in Potsdam, kurz vor dem Beginn des Winters 1941. Dann wieder im Sommer 1942 und im Frühjahr 1943, beide Male kurioserweise in Zivil. Da meine Frau noch immer bei den Behörden des Generalgouvernements tätig war, durfte ich dort meinen Urlaub verbringen, und zwar mit der üblicherweise erteilten Zivilerlaubnis. Bei der Reise 1943 sah ich Warschau nur kurz, weil ich nach Lemberg weiterreiste, wohin meine Frau inzwischen versetzt worden war. Das letzte Mal sah ich Warschau im November 1944.

Die Veränderungen des Kriegsbildes ließen sich in Warschau deutlich ablesen. Im Spätherbst 1941 – die deutschen Truppen drangen noch unaufhaltsam tiefer in die Weiten Rußlands ein und bedrohten Moskau – hatten sich die Gebräuche an den Toren des Warschauer Gettos noch mehr brutalisiert. Bis zum Angriff auf die Sowjetunion hatte wohl eine Art Abwartezustand geherrscht. Jetzt war eine Enthemmung eingetreten. Im Osten wüteten bereits die Einsatzgruppen, die Massengräber füllten sich mit zehntausenden und hunderttausenden erschossener Juden, und die deutschen Polizeiposten in Warschau waren gewiß von diesem Vernichtungsfieber angesteckt. Was nun im Osten vorging, war ja keineswegs geheim, vielmehr ganz allgemein bei der Fronttruppe und in der Etappe mit mehr oder weniger genauen Einzelheiten bekannt.

Es ist, nach meinen eigenen Erfahrungen, ganz falsch, in der deutschen Kriegsdisziplin und Perfektion eine Art Mythos zu sehen. Auf dem östlichen Kriegsschauplatz, den vermeintlich raschen Sieg vor Augen, wurde nicht der geringste Wert darauf gelegt, die Ausrottung der Juden verborgen oder geheimzuhalten. An den Massengräbern, wo Ortschaft um Ortschaft die jüdischen Einwohner ohne Unterschied von Alter und Geschlecht blutig niedergemetzelt wurden, standen immer Soldaten, Eisenbahner, Männer der Organisation Todt, Zivilisten, manchmal in der Badehose, oft mit Fotoapparaten, und sahen dem grausigen Schauspiel zu. Die Mordkommandos hatten gar nichts dagegen, es gab keine Absperrungen, niemand wurde vertrieben. Wahrscheinlich galt allgemein vorausgesetzt, jeder Deutsche, in welcher Uniform oder Kleidung immer er da herumstehen mochte, sei als Gefolgsmann Hitlers ohnehin mit den Geschehnissen einverstanden.

Hier lag natürlich ein Irrtum. Die Vorgänge bei den Massenerschießungen, die Tatsache der schauerlichen Gräber, in denen ein ganzes Volk verschwand, verbreiteten sich, von den Zuschauern berichtet, in der ganzen Truppe.

Ich behaupte, daß nur blinde und taube Soldaten im Osten nichts von

diesen Dingen erfahren haben. Es wurde in der sparsamen Art, die Soldaten eigen ist, darüber gesprochen, und ich möchte den ehemaligen Land-
ser sehen, dem die damals üblichen Ausdrücke »umsiedeln«, »liquidieren«, »sonderbehandeln« oder einfach »umlegen«, schließlich »vergasen«
und »durch den Schornstein jagen« nicht in ihrer nackten Bedeutung
verständlich waren. Selbst wenn es der Wille der Führung gewesen wäre,
die Ausrottungen geheimzuhalten, wäre das bei dem Umfang der Aktio-
nen nicht möglich gewesen. Wehrmacht und andere Formationen waren
in den Ostgebieten allgegenwärtig und mußten zwangsläufig ständig den
Weg der Mörder kreuzen. Die »Entjudung« von Ortschaften, die Transporte, die Sammelpunkte und das tagelange Geknatter der Schüsse an den
Todesgruben konnten nicht unbemerkt und ungedeutet bleiben. Ich habe
einen Elendszug von Juden an einem improvisierten Sammelpunkt in der
Nähe von Smolensk gesehen. Die Erde starrte von kaltem Schlamm. Die
Menschen, die man hier wohl aus verschiedenen Dörfern zusammenge-
trieben hatte, warteten stehend und frierend auf ihr weiteres Schicksal.
Die meisten hatten keinen Mantel, einige kleine Kinder waren in die
Jacken Erwachsener gehüllt, andere trugen nur Lumpen. Ich fragte einen
der Bewacher, einen Mann der Waffen-SS: »Was ist mit denen los?« Er

Zuschauerinnen beim Abtransport einer jüdischen Familie 1943 in Berlin. Der
Verfasser, damals 27 Jahre alt, fertigte unmittelbar nach dem Erlebnis aus dem
Gedächtnis diese Bleistiftzeichnung an. Erläuterung siehe Seite 36.

wendete sich taktvoll etwas zur Seite, damit seine Worte nur von mir gehört werden konnten, und sagte: »Die werden umgelegt.«

Kein Geheimnis. Und natürlich auch keine Neuigkeit. Was so allgemein bekannt, was so zwanglos ausgesprochen wurde, was in einer Millionenarmee zum geistigen Normalgepäck gehörte (wie leicht oder wie schwer jeder einzelne daran trug, ist eine andere Frage) – das darf man wohl nicht mehr als sonderliches Geheimnis bezeichnen. Wendungen wie »Das deutsche Volk hat davon nichts gewußt« oder gar »Wenn das deutsche Volk etwas von diesen Dingen gewußt hätte ...!« sind doch ganz brüchig. Millionen Angehörige der deutschen Formationen im Osten kamen als Urlauber, Verwundete, Heimatversetzte nach Deutschland. Sollten sie alle geschwiegen, nicht einmal im engsten Vertrautenkreis geflüstert haben? In welcher Gesinnung sie ihr Wissen anderen mitteilten, auch das ist eine andere Frage. Jedenfalls waren die Vorgänge bekannt, und als schließlich auch in den deutschen Städten die Juden aus ihren Wohnungen geholt und »nach dem Osten umgesiedelt« wurden, gab es doch kaum noch Zweifel über ihr wahres Schicksal.

1943 sah ich in der Berliner Neuen Winterfeldtstraße, wie eine jüdische Familie abtransportiert wurde. Die Menschen, alle mit dem gelben Stern gekennzeichnet, mußten mit ihrem geringen Handgepäck auf einen bereitstehenden Lastwagen steigen. Ein paar Hausfrauen mit Einkaufstaschen und andere wenige Straßenpassanten standen dabei und sahen zu. Die Juden gingen rasch und mit gesenktem Kopf durch das Spalier der Blicke und kletterten auf das Fahrzeug. Ich betrachtete die Umstehenden, und der hämische oder triumphierende Ausdruck, der deutlich auf den Gesichtern der biederen Frauen stand, prägte sich mir so brennend ein, daß ich gleich danach aus dem Gedächtnis eine Zeichnung (siehe Seite 35) der Szene anfertigte (ich bin kein Zeichner), und daß ich heute noch genau Tonfall und Klang im Ohr habe, wie die eine ohne Bedauern zu ihrer Begleiterin sagte – der Lastwagen fuhr gerade ab, und die Dame warf mir einen verständnisinnigen Blick zu –: »Die werden ooch vajast.«

Es war bekannt. Auch die Wehrmachtführung wußte schließlich, was in ihren Befehlsbereichen geschah. Zwei oft zitierte Befehle zeigen darüber hinaus, wie sich die Ausrottung der Juden auf die Truppe auswirkte. Sie zeigen die ganz gegensätzlichen Reaktionen, nämlich Beschämung und Empörung bei den einen, Zustimmung und verrohende Einflüsse auf der anderen Seite. Die Empörung war immerhin so stark, daß sie selbst dem Generalfeldmarschall Walther von Reichenau zu Ohren kam und ihn veranlaßte, am 10. Oktober 1941 einen Armeebefehl herauszugeben, in welchem er »die Ausrottung des asiatischen Einflusses im europäischen Kulturkreis« als »das wesentliche Ziel des Feldzuges gegen das jüdisch-bolschewistische System« bezeichnete und beschwichtigend und belehrend sagte: »Hierdurch entstehen auch für die Truppe Aufgaben, die über das hergebrachte, einseitige Soldatentum hinausgehen ... Deshalb muß der Soldat für die Notwendigkeit der harten, aber gerechten Sühne am jüdischen Untermenschentum volles Verständnis haben.«

Das übliche Zuschauen und Fotografieren, ja das Mitmachen von Wehrmachtangehörigen bei den Ausrottungen, die ganze Skala des brutalisierenden Einflusses auf die Truppe zeigt der Armeebefehl des Feldmarschalls Gerd von Rundstedt vom 23. September 1941. Darin heißt es unter anderem: »Eigenmächtiges Vorgehen einzelner Wehrmachtangehöriger oder Beteiligung von Wehrmachtangehörigen an Exzessen der ukrainischen Bevölkerung gegen die Juden ist verboten, ebenso das Zusehen oder Fotografieren bei der Durchführung der Maßnahmen der Sonderkommandos.«

Die Brutalisierung, wie ich schon sagte, zeigte sich mir auch, als ich im Spätherbst 1941 abermals die Tore des Warschauer Gettos sah. Die deutschen Polizeiposten benahmen sich ungehemmter als noch ein halbes Jahr zuvor. Vier Jahre später sagte ich darüber in meinem schon erwähnten Rundfunkbericht, also noch aus frischem Gedächtnis:

»Einmal wurde ein alter, weißbärtiger Mann kontrolliert, der abends aus der Stadt zurückkehrte. Der Posten studierte mit quälender Langsamkeit den Passierschein, um sein Opfer in Ungewißheit und Angst zu versetzen. Inzwischen stand der Alte mit dem Hut in der Hand da, wie das die Vorschrift verlangte, und wartete zitternd auf den üblichen Fußtritt, während die umstehenden Soldaten ihm höhnische Bemerkungen zuriefen und sich über seinen Bart lustig machten. Schließlich untersuchte der Posten die Taschen des Mannes und fand darin einen Viertellaib Brot. Das sei verboten, schrie er ihn an – er habe das Brot gestohlen. Der Alte sagte einfach, daß er das Brot geschenkt bekommen und daß er Hunger habe. ›Das ist eine freche Lüge!‹ schrie der Posten, und schon hatte der Greis die Faust im Gesicht, daß er zur Seite taumelte. Das allein war aber nicht das Entsetzlichste dieses Augenblicks. Das Entsetzlichste war, daß dies von Beifallsrufen der umstehenden Deutschen bejubelt wurde. ›Bravo!‹ riefen einige lachend. Und ein Soldat, dessen biederes Familienvatergesicht mir ewig in der Erinnerung bleiben wird, rief begeistert: ›Gib ihm Saures!‹ Der Posten folgte den aufmunternden Zurufen, wie es hier Brauch war. Mit Tritten und Boxhieben wurde der Alte in das Schilderhäuschen befördert, das neben der Sperre stand. Ich mußte wegsehen, aber ich stand wie versteinert. Ich hörte mehrere dumpfe Schläge und ein ächzendes Krachen. Dann kehrte der Posten auf seinen Standplatz zurück und wurde von erneutem Beifall begrüßt. Als ich wieder hinzusehen wagte, lag der alte Mann bewußtlos in dem Schilderhäuschen. Blut sickerte ihm aus Mund und Nase in den weißen Bart. In der folgenden Viertelstunde weckte der Posten den Greis noch mehrmals aus seiner Ohnmacht, um ihn dann wieder bewußtlos zu Boden zu schlagen, bis er ihn am Ende mit einem furchtbaren Fußtritt in das Innere des Gettos beförderte.

Auch im Inneren der Einzäunung standen immer kleine Ansammlungen von Menschen, um die Vorgänge zu beobachten. Freilich war ihr Antrieb ein anderer als der der Zuschauer auf der Außenseite. Jetzt lösten sich zwei junge Juden und eine Frau aus der elenden Gruppe dort drinnen, hoben den Ohnmächtigen auf und trugen ihn fort.

Ich betone noch einmal, daß dies ständig von Gelächter, von beifälligen und aufmunternden Zurufen der außen stehenden Soldaten begleitet war. Ich betone aber auch, daß es sich hier nicht um einen Einzelfall handelte. Solche Szenen spielten sich täglich und stündlich ab ... In Warschau waren diese Tatsachen so bekannt, daß jeden Tag viele Wehrmachtangehörige und die Mitglieder anderer Formationen und der deutschen Zivilverwaltung herbeiströmten, um dem entsetzlichen Schauspiel zuzuschauen, als handle es sich um eine Gratis-Kinovorstellung. Manchmal waren die Vorkommnisse so unmenschlich, daß sich unter den ohnmächtig zuschauenden Juden im Inneren der Umzäunung laute Empörung und eine drohende Zusammenrottung zeigte. Aber auch für solche Fälle war vorgesorgt. Meist stand am Eingang des Gettos ein Beiwagen-Motorrad mit aufmontiertem Maschinengewehr, und ich habe selbst einmal sehen müssen, wie die deutsche Polizei rücksichtslos das Feuer gegen die empörte Menge eröffnete. Nachher wurden zwei Frauen, ein Knabe und ein jüdischer Ordnungspolizist tot vom Platze getragen.«

Das war im Herbst 1941 und schon mit den Augen eines Mannes gesehen, der aus Rußland kam und die Fortsetzung der Tragödie kannte. Im Sommer 1942, als ich den ersten Zivilurlaub bei meiner Frau in Warschau verbrachte, war bereits die Dezimierung des Gettos, die Verschikkung seiner Bewohner in die Gaskammern von Treblinka im Gang. Gleichzeitig kamen noch immer Juden aus anderen Teilen Europas an. Meine Frau führte mich zu einer neuen, mir noch nicht bekannten Einrichtung, einer Art Schleuse oder Quarantäne, eigentlich ein Käfig, in dem die Neuankömmlinge zusammengepfercht wurden und auf irgend etwas warten mußten. Es bestand hier ein Durchgang für die außerhalb des Gettos lebende Bevölkerung, ein Laufsteg aus Holz, dessen eine Seite von einem engmaschigen Drahtgitter begrenzt war. Hinter dem Gitter standen, hockten und lagen Juden, Gefangene in unendlichem Elend, ausgezehrt und erschöpft, apathisch. Die Passanten gingen an dem Gitter vorbei und schauten hinein. Die Drahtmaschen waren so eng, daß sie gerade Platz für zwei bis drei Finger ließen. Kinder, Frauen und Halbwüchsige standen dort und flehten die Vorbeigehenden mit herzzerreißenden Stimmen um ein Stückchen Brot an, dabei steckten sie bittend ihre Finger durch das Geflecht, und ich sah die graue Drahtwand mit dem Gewimmel der kleinen Kinderfinger und den dürren, verkrümmten Fingern der Frauen.

Zu dieser Zeit sprach man in Warschau über die Vergasungen so offen wie etwa über die Kriegslage. Aus der deutschen Zivilverwaltung des Gouvernements Warschau erfuhr ich durch meine Frau, daß dort die Beamten, und eben bis herab zur Sekretärin, ohne Umschweife von

Auschwitz, Treblinka und der Liquidierung der Juden redeten, so beiläufig und gelegentlich, wie man im Dienstbetrieb oder in der Kantine irgendein anderes Tagesthema anschneidet und wieder fallenläßt. Auch die polnische Bevölkerung, die selbst in immer härterer Form den blutigen Terror der Besatzungsmacht zu spüren bekam, war über die Bedeutung der Abtransporte aus dem Getto nicht im Zweifel. Einige Freunde – ehemalige Mitwirkende und Gäste eines Notlokals polnischer Künstler, der Gospoda Wloczegow – erzählten mir in vertrautem Kreis Einzelheiten. Es handelte sich also, wie sich abermals bestätigte, um ein offenes Geheimnis.

Zum vorletzten Mal sah ich das Getto im Frühjahr 1943 bei einem kurzen Aufenthalt in Warschau auf der Durchreise nach Lemberg. Die große Liquidierung, welche die Bewohnerzahl des Gettos um über 310 000 Opfer verringert hatte, war vorüber, der Aufstand der überlebenden etwa 70 000 Juden lag in der nahen Zukunft. Bei Straßenlücken und in Durchfahrten verschaffte ich mir Einblick und sagte darüber in dem Rundfunkbericht vom November 1945: »Aus dem Getto starrte mir eine grauenhafte Leere entgegen. Wo es vorher von Hunderttausenden wie in einem Ameisenhaufen gewimmelt hatte, lagen jetzt verödete Straßen. Aus den Fenstern der verlassenen Wohnungen flatterten herabgerissene Vorhänge. In Warschau selbst stellte ich bei den Juwelieren einen auffallenden Preissturz fest. Dies erklärte sich aus der Tatsache, daß die SS bei der Liquidierung der Bevölkerung des Gettos alle Wertsachen geplündert hatte und nun auf den Markt warf. In den Vergnügungslokalen Warschaus wurden um diese Zeit oftmals ungeheure Zechen mit ein paar hingeworfenen goldenen Armreifen oder Brillantringen bezahlt.«

In Lemberg – Stalingrad und die alliierte Landung in Nordafrika hatten den Horizont schon gerötet – kam es zur Liquidierung des Gettos erst in der zweiten Junihälfte 1943. Als ich als Urlauber meine Frau dort besuchte, fotografierte ich die nach dem deutschen Einmarsch zerstörte Synagoge. Es gab deswegen ein übles Nachspiel, in das sich auch die Gestapo einschaltete. Meine Frau hatte eine Haussuchung zu überstehen, bei der sie den Beamten lächelnd Koffer, Schränke, Schubladen und alte Wäsche zeigte, unter der die Negative verborgen waren.

Lemberg will ich aber auch noch in einem anderen Zusammenhang erwähnen. Nach der Vernichtung des dortigen Gettos und seiner Menschen erfuhr ich Einzelheiten durch meine Frau, die auf Urlaub nach Berlin kam. Sie berichtete mir, was sie gesehen und gehört hatte und was auch alle anderen Bewohner Lembergs einschließlich der deutschen gesehen und gehört hatten. Sie berichtete mir von dem tagelangen Gemetzel, von dem Feuerschein über dem Getto und wie die Deutschen die Mitglieder des Judenrates öffentlich an einem Balkon aufgehängt hatten, einen sogar zweimal, weil der Strick gerissen war. Sie berichtete, wie noch Tage nach dem Massaker Lastwagen durch die Straßen der Stadt fuhren, beladen mit Plünderungsgut oder angehäuft mit den Leichen der Ermordeten. Die Menschen, die den schauerlichen Transporten begegneten, hielten sich die Nase zu, eine Übelkeit erregende Brühe von Blut und anderen Körperflüssigkeiten troff aus den Ritzen der Lastwagen und zog ihre Spur auf der Fahrbahn.

Auch nach der Liquidierung des Gettos gab es noch Juden in Lemberg. Sie arbeiteten in verschiedenen von den Deutschen eingerichteten Werkstätten, waren aber ebenfalls schon zum Tode bestimmt. Meine Frau hatte wie alle anderen Angestellten der Zivilverwaltung von dem System erfahren und berichtete mir, daß an die jüdischen Arbeiter und Arbeiterinnen Nummern ausgegeben worden waren, welche die Reihenfolge der Hinrichtung bestimmten. Es gab in den Werkstätten auch Ehepaare, die nach der Höhe der zugeteilten Nummern wußten, wer als erster den letzten Weg anzutreten hatte.

Der zuverlässigste und aufrichtigste Freund, den ich damals hatte, war Werner Asendorf, ein einfacher Soldat, mit einer Amerikanerin aus Dänemark verheiratet. Er saß im Oberkommando der Wehrmacht (OKW), damit beschäftigt, amerikanische Zeitungen und Zeitschriften auszuwerten; außerdem besaß er eine der so seltenen Genehmigungen zum dienstlichen Abhören ausländischer Sender, eine Tätigkeit, die jedem Unberechtigten im damaligen Deutschland den Kopf kostete. Er war ein glühender Gegner der Nazis, wegen seiner Dienstobliegenheiten natürlich immer glänzend informiert, waghalsig in der Verbreitung ausländischer Nachrichten. Asendorf wohnte mit seiner Frau Signe und seinen beiden Kindern im Haus seiner Schwester in Potsdam. Nach Dienstschluß sahen wir uns fast täglich in seiner Wohnung, hörten Radio London, saßen gemeinsam im Luftschutzkeller. Auch als der Krieg zu Ende war, sahen wir uns noch oft, bis Asendorf schließlich in die Vereinigten Staaten ging. Ein kurzer Briefwechsel folgte, dann riß die Verbindung ab.

Nachdem meine Frau nach Berlin gekommen war, war Asendorf dabei, als sie mir von ihren Erlebnissen in Lemberg berichtete. Wir überlegten, wie wir die Nachrichten ins Ausland bringen könnten. Asendorf erbot sich, einen Schweizer Journalisten, den er aus dem Berliner Club der Ausländischen Presse kannte, mit uns in Verbindung zu bringen. Die Zusammenkunft fand an einem der nächsten Abende in einem außerhalb Potsdams gelegenen Gartenlokal statt. Um mein Gedächtnis für dieses Buch aufzufrischen, schrieb ich 1965 an Werner Asendorf, 3942 N.E. 11th Avenue, Portland, Oregon. Es genügt zur Schilderung der damaligen Situation, hier einfach die betreffende Stelle aus meinem Brief wiederzugeben.

»... ich würde sehr dringend Deine Hilfe benötigen. Ich muß eine Szene rekonstruieren, an der Du teilgenommen hast, aber ich kann mich nicht mehr ganz genau erinnern ... In der zweiten Kriegshälfte saßen wir einmal zusammen mit einem Schweizer Journalisten, den Du aus dem Club der Auslandspresse mitgebracht hattest, in der sogenannten Meierei in Potsdam; auch Marianne Heydecker war dabei. Wir erzählten ihm von den Schicksalen der Juden in Polen und, wenn ich mich richtig erinnere, von der Liquidierung des Lemberger Gettos, die Marianne Heydecker gesehen hatte. Am Ende dieses langen Gesprächs äußerte der Schweizer etwa: ›Ihre Aufrichtigkeit in allen Ehren – aber das kann ich Ihnen nicht glauben.‹ Weißt Du zufällig noch, wer dieser Schweizer Journalist war, oder kannst Du mir wenigstens so genau wie möglich schreiben, wie Du diesen Abend in Erinnerung hast? Dies wäre für mein Buch eine sehr große Hilfe . . .«

Als Antwort schickte Frau Asendorf eine Trauerkarte mit den Worten: »Sorry he can't help you.« Mein Freund war schon seit sieben Jahren tot, gestorben am 28. Februar 1958. So muß ich die Erinnerung hier als Fragment stehen lassen, ich kann sie genauer nicht mehr in die Gegenwart rufen. Vielleicht liest jener Schweizer diese Zeilen. Ich beglückwünsche ihn noch nachträglich zu seinem guten, ehrlichen Glauben an Deutschland.

Warschau sah ich zum letzten Mal am 20. November 1944. Mein Truppenteil, die Panzerjägerabteilung 337, war in Konstancin bei Piaseczno einquartiert, einem ehemaligen Erholungs- und Villenort in der Nähe Warschaus. Der Warschauer Aufstand des Generals Bor-Komorowski war kurz zuvor blutig zusammengebrochen, die Russen bereiteten den Durchbruch an der Weichsel vor. Warschaus Bevölkerung war gezwungen worden, die Stadt zu verlassen. In dieser Situation gelüstete es unseren Kompanieführer, Hauptmann Krause, einen trinkfreudigen, zackigen Jüngling, in Warschau Wodka organisieren zu lassen. Das Betreten der Stadt war bei Todesstrafe verboten, aber Krause beschaffte unter einem Vorwand beim Divisionsstab für einen Leutnant und fünf Mann einen Sondermarschbefehl, unterschrieben vom General der Volksgrenadierdivision, Eberhard Kinzel, persönlich.

Leutnant Lutter hatte mich, da ich die Stadt kannte, seinem Kommando zugeteilt. Und so darf ich sagen, einer der wenigen Menschen zu sein, die das zerstörte, tote und menschenleere Warschau in jener kurzen Spanne zwischen Evakuierung und russischem Einmarsch betreten haben. Eine in Trümmern liegende Millionenstadt, in der sich kein lebendes Wesen regt, in der das eigene Wort, der eigene Schritt das einzige echohafte Geräusch ist, kann nur als Zukunftsvision gedacht werden. Doch ist sie vergangen und war gegenwärtige Wirklichkeit, als wir sechs, einsam und fröstelnd, durch die geisterhafte Szenerie gingen. Ab und zu der ferne Einschlag eines russischen Artilleriegeschosses, weit hallend. Ein ausgebrannter Straßenbahnwagen auf der leeren, erstarrten Marszalkowska. Stille. Das Rieseln von Steinen erschreckt. Auf dem Platz vor dem Bahnhofsskelett ein Kistendeckel an einen Mauerbrocken gelehnt, mit roten Buchstaben beschriftet: »Plünderer werden erschossen«. Daneben liegt ein Toter auf dem Bauch, Arme und Beine wie gespaltene Verlängerungen des Körpers ausgestreckt. Mitten auf der Straße, auf den zerwühlten Bürgersteigen, Grabkreuze, aus zwei Holzlatten schnell zusammengebunden, mit Tintenbleistift geschriebene Namen, bei manchen steht eine Topfpflanze. Grabkreuze, so viele. Unser Trupp hatte sich getrennt, ich ging mit einem Kameraden durch die Trümmerschlucht der Marszalkowska, wir stiegen mit der Taschenlampe in Keller, fanden weggeworfenes Verbandzeug, mordernde Lumpen, Gestank. Wir wanderten durch Seitenstraßen, menschenleere, kletterten durch Ruinen, Wohnungen, menschenleere, durch Hinterhöfe und abermals in Keller. Wir fanden keinen Wodka, suchten auch keinen, suchten nichts und suchten doch, wie in einer boden- und uferlosen Traumlandschaft.

Das einstige Getto lag weit hingebreitet, eine lautlose Ebene von Schutt, aus der da und dort ein Pfeiler, ein Eisenträger emporragte. Die Grenze verschwamm im Dunst des Novembertags. Hier machte ich die letzte Aufnahme einiger Filme, auf denen ich die tote Stadt Warschau festgehalten habe.

Ich stand und sah auf die Trümmer. Nicht einmal die Luft regte sich. Das Schweigen schrie. Ganz fernes Artilleriegepolter, oder mein Herz, dieses Klopfen im Hals. Mein Kamerad stieß mich an, daß wir weitergehen sollten. Auch er sprach kein Wort. Erst als wir den Weg zurück gefunden hatten und der Lastwagen mit dem wartenden Fahrer und dem Leutnant am Ende der grauen Straße sichtbar wurde, sagt er, was damals schon ein Gemeinplatz war: »Mensch, wenn das jetzt alles auf uns zurückkommt!«

Bildteil

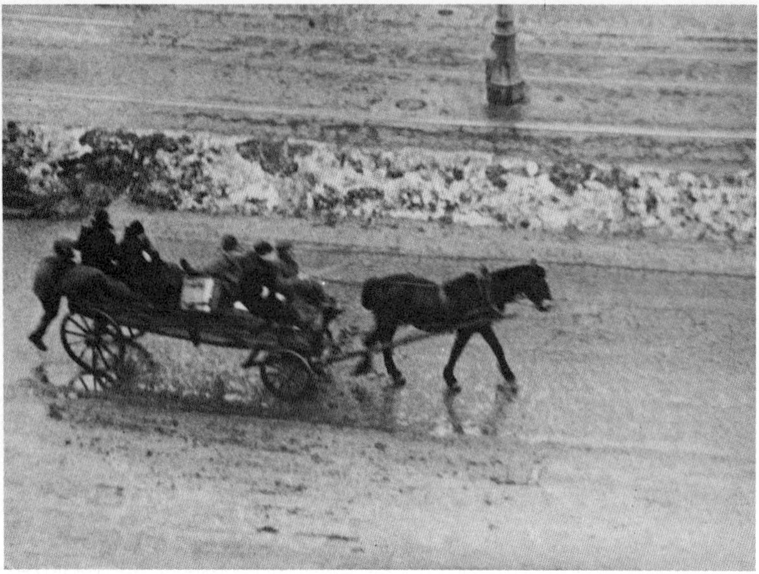

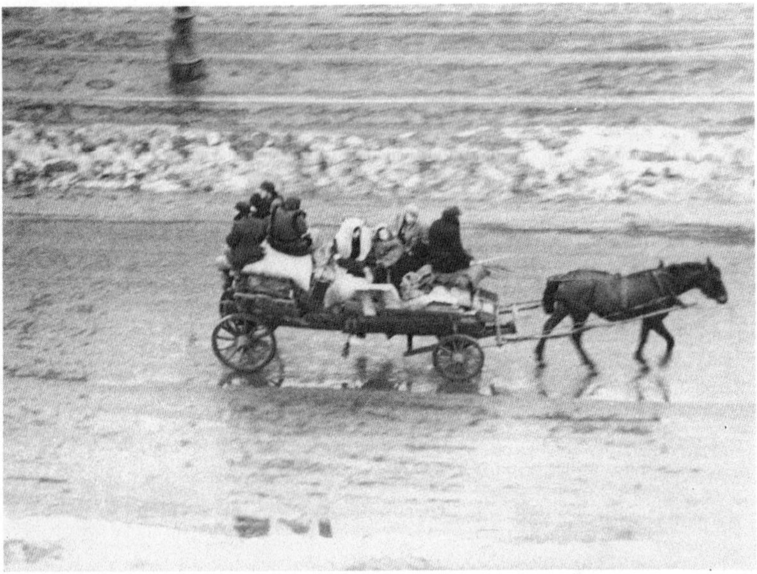

Aus ihren Landgemeinden vertrieben, mußten die Juden Polens zu Fuß oder mit Pferdefuhrwerken ins Getto von Warschau ziehen.

Polizeikontrollen an einem Tor des Warschauer Gettos.

Zur Unterstützung der deutschen Polizei wurden auch polnische Polizisten herangezogen (auf dem Bild zwischen den Hauptpersonen; daneben zuschauende deutsche Soldaten).

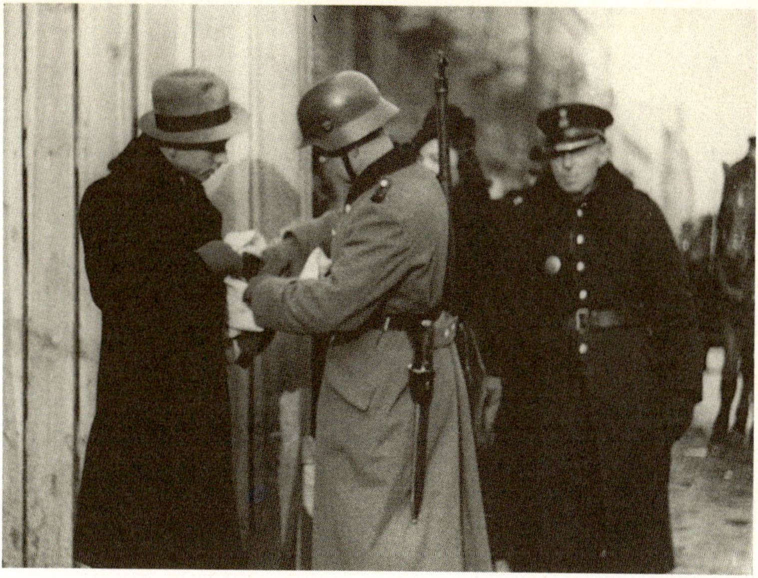

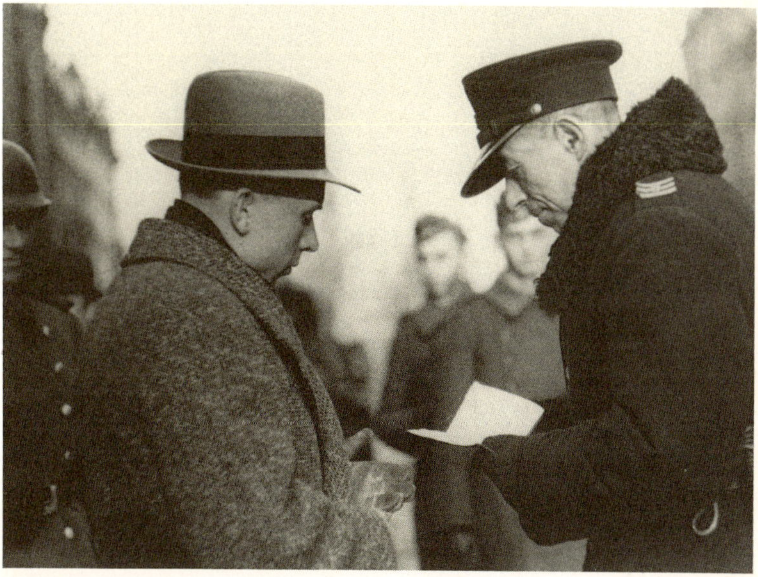

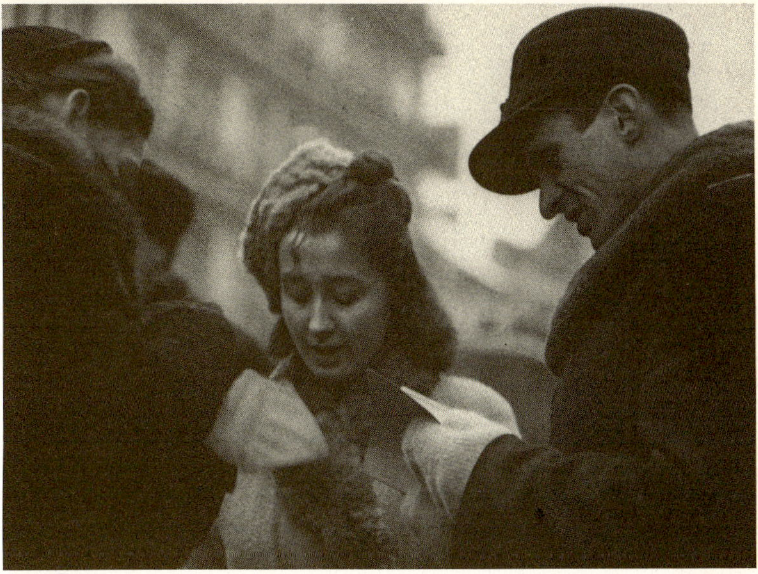

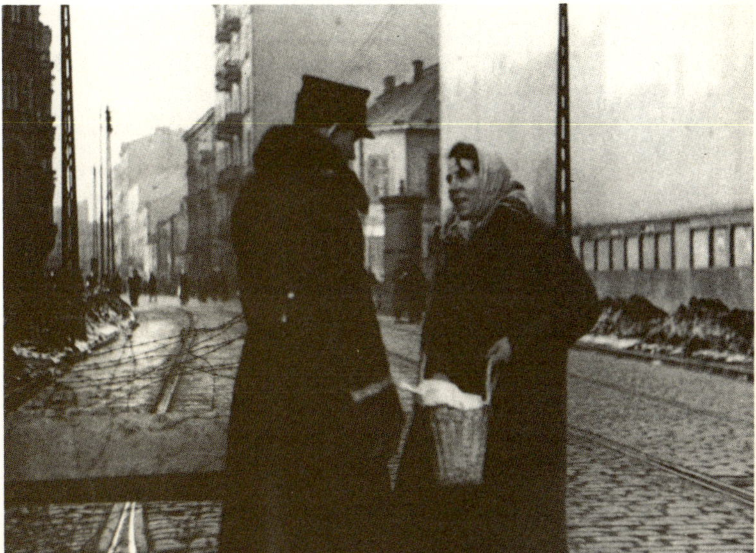

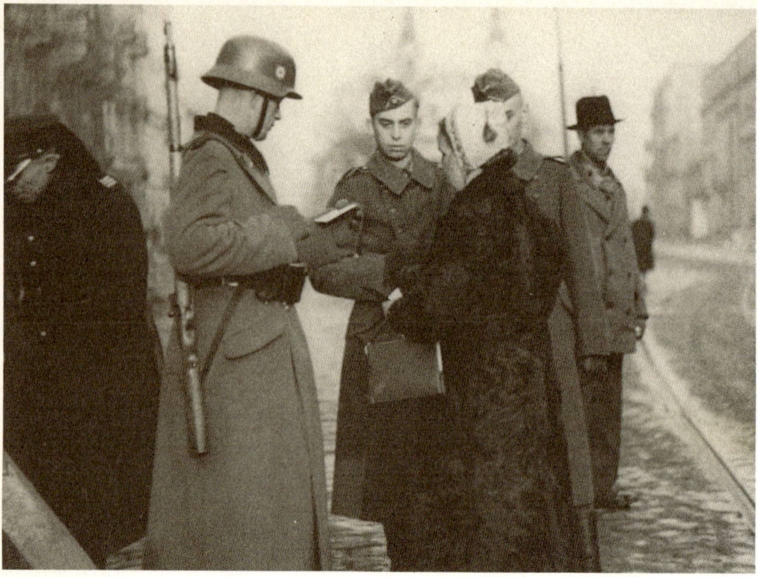

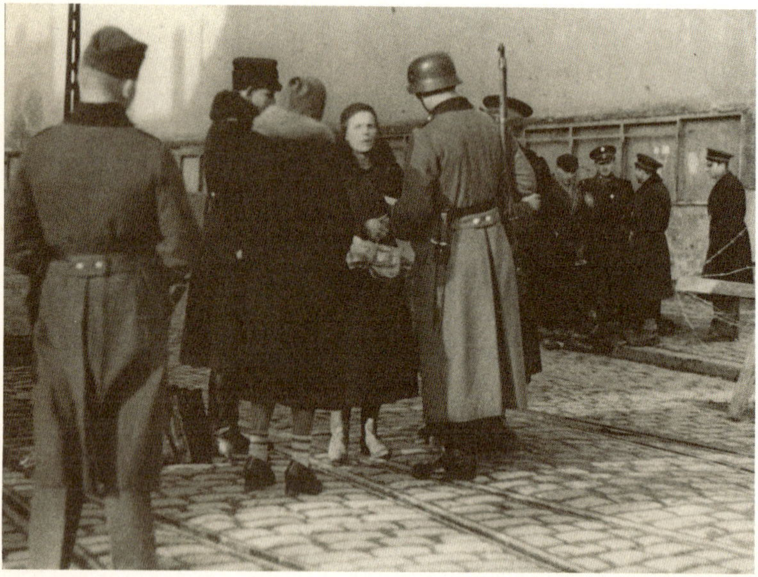

Linke Seite, Bild unten: Im Hintergrund rechts stehen jüdische Polizisten, denen die Aufsicht innerhalb des Gettos oblag.

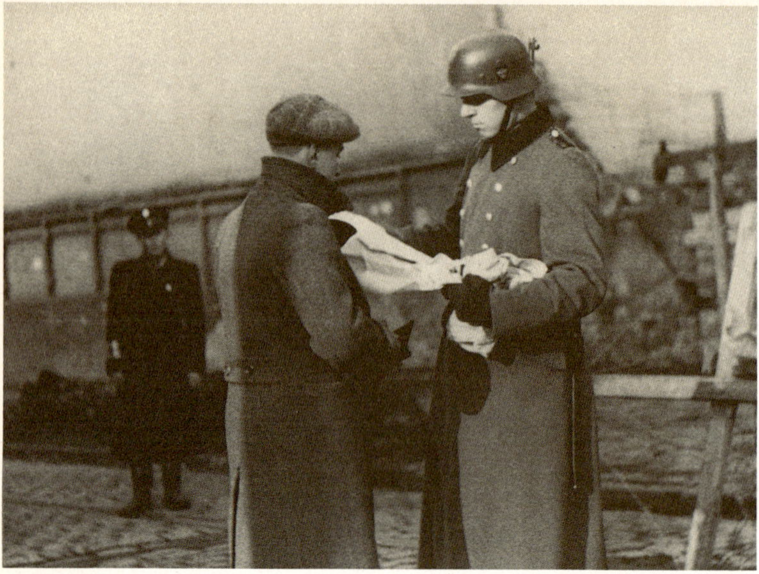

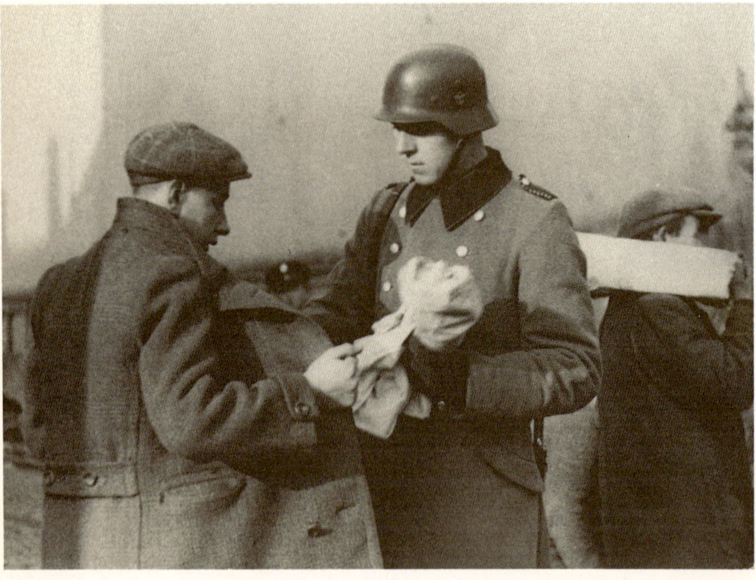

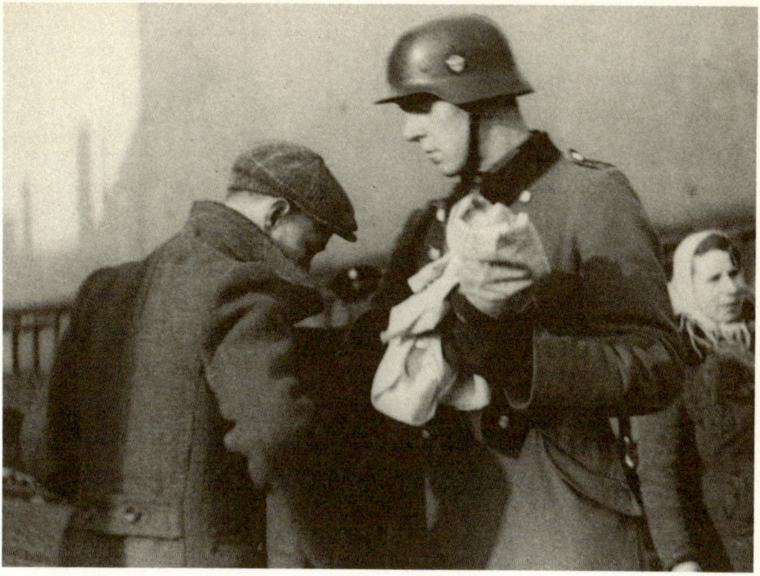

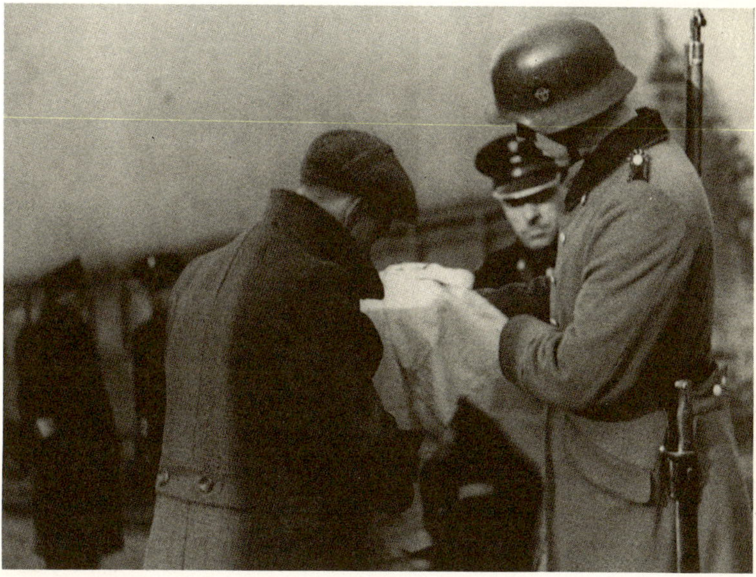

Jüdische Gettopolizei.

Die Mauer des Warschauer Gettos, und die Lücke, durch die ich ins Getto ein-
drang. Der polnische Polizist, der dort Wache hielt, half mir dabei.

Folgende Doppelseite: Die Straße jenseits der Mauer.

Alle Juden waren verpflichtet, beim Anblick eines Deutschen die Kopfbedeckung abzunehmen.

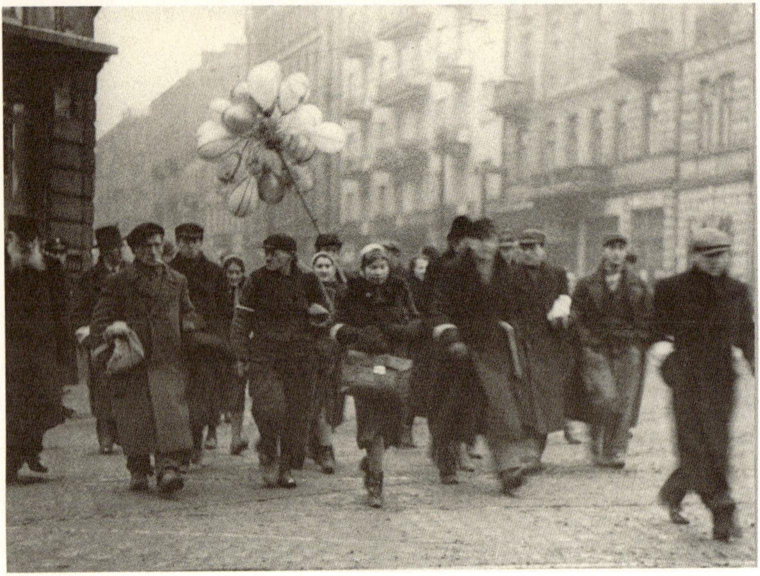

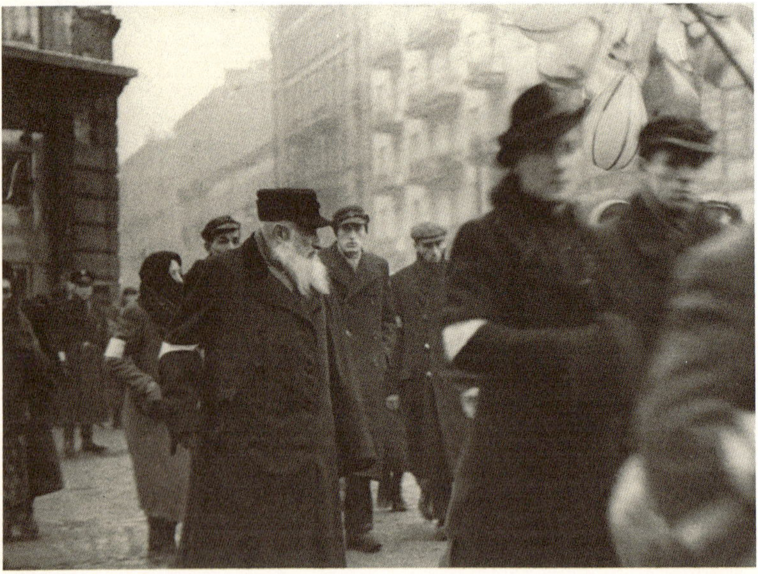

Straßenszenen im Warschauer Getto. Eine Zeitlang verkehrte innerhalb des Gettos noch eine eigene Straßenbahnlinie.

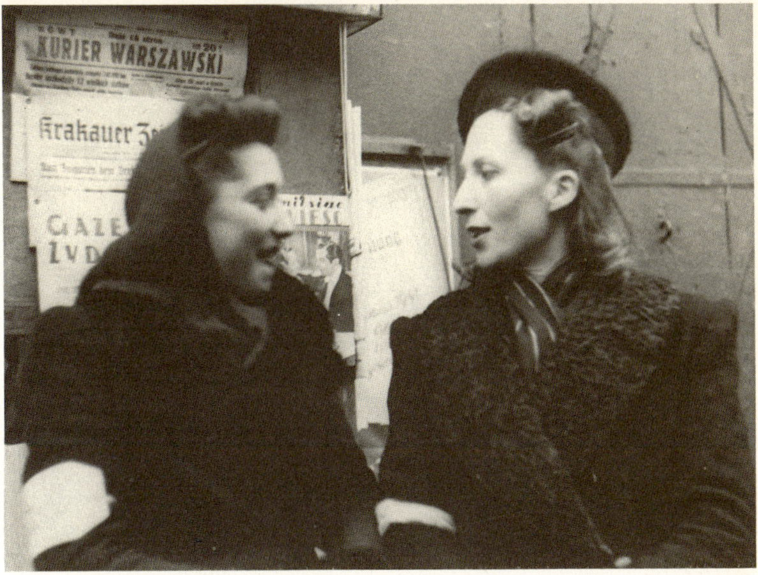
URIER WARSZAWSKI
Krakauer

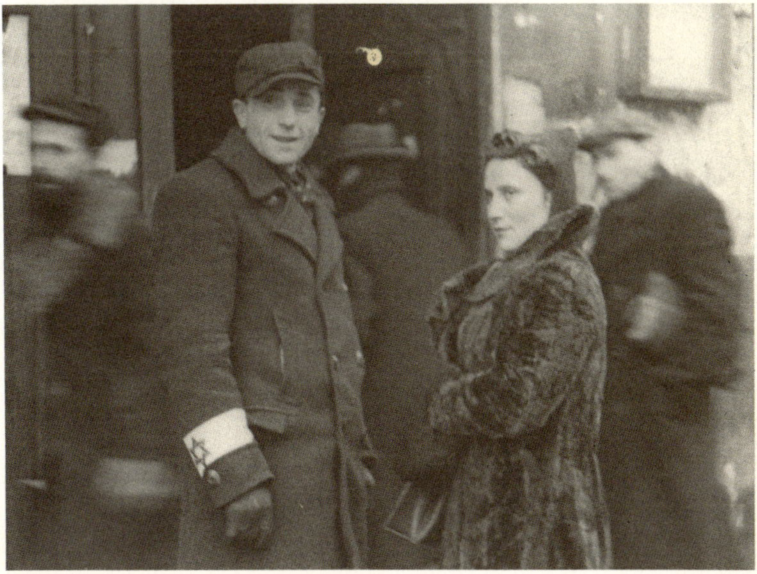

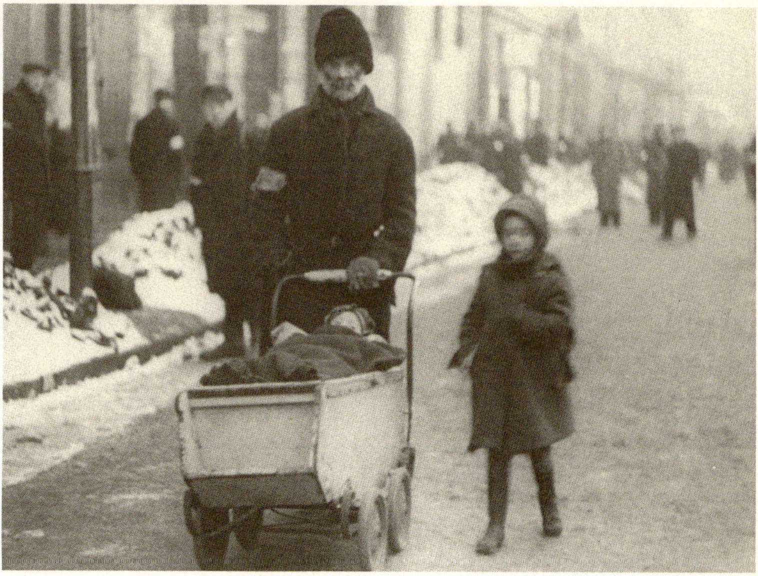

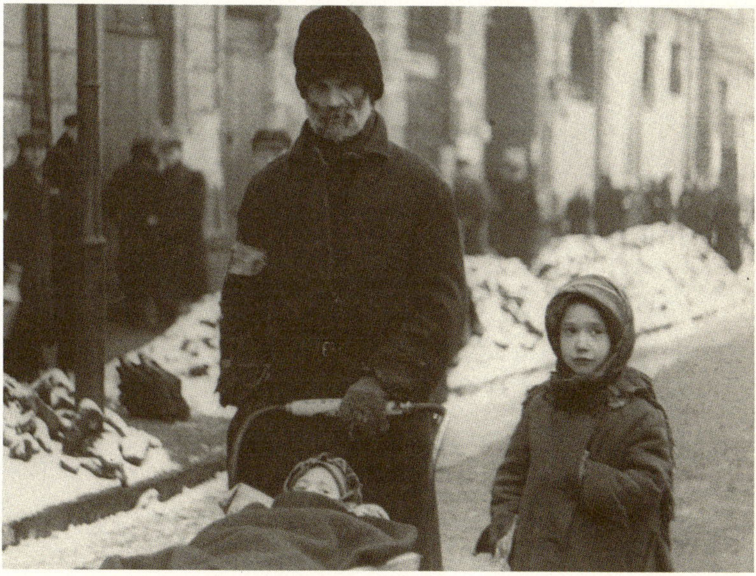

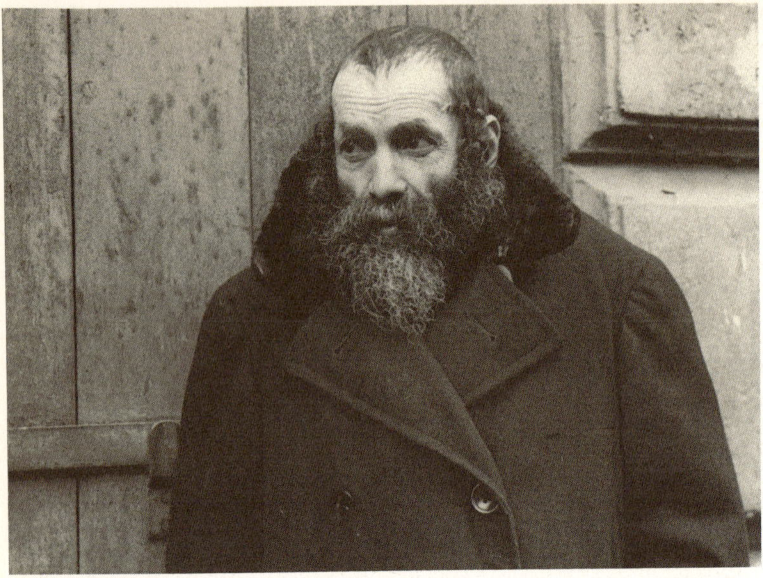

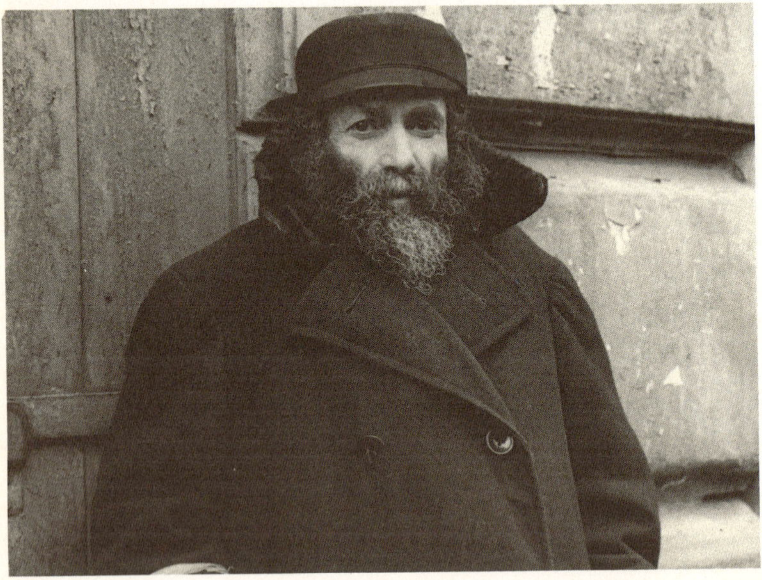

Wenn ich Menschen im Getto bat, sie fotografieren zu dürfen, nahmen sie automatisch die Kopfbedeckung ab, obwohl das ihren religiösen Vorschriften widersprach: meine Wehrmachtuniform zwang sie dazu. Ich mußte sie dann jedesmal bitten, den Hut wieder aufzusetzen.

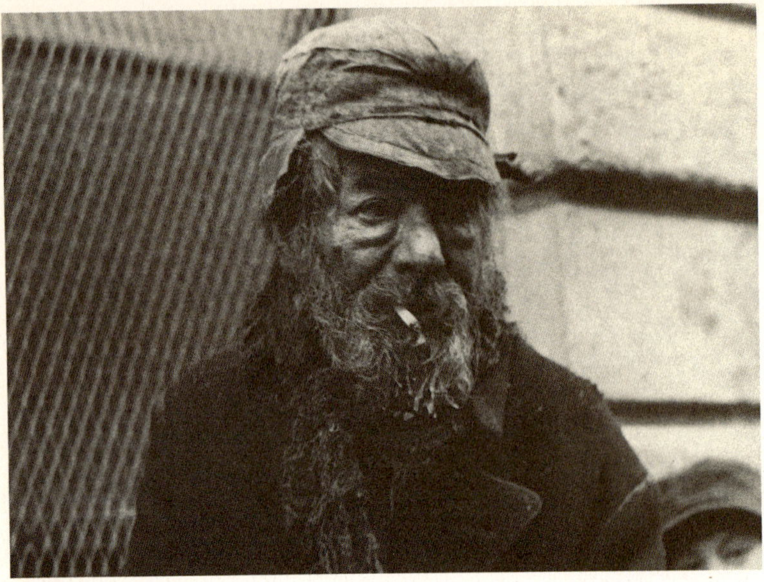

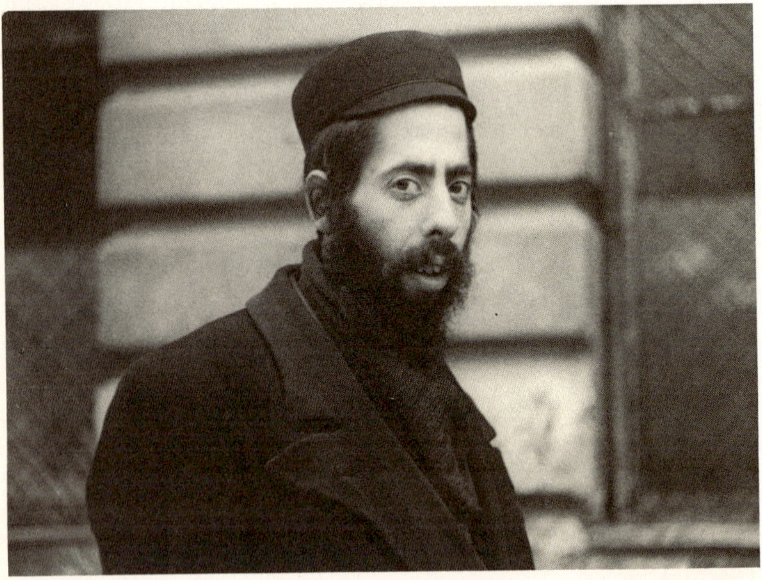

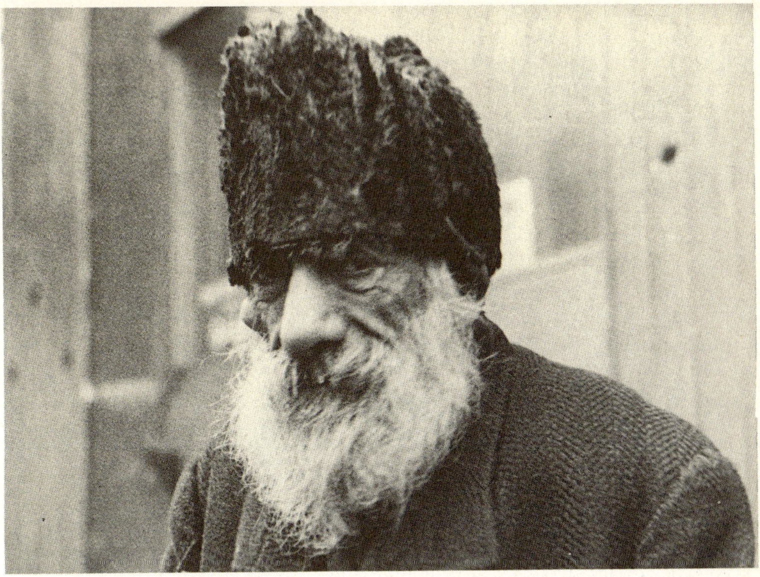

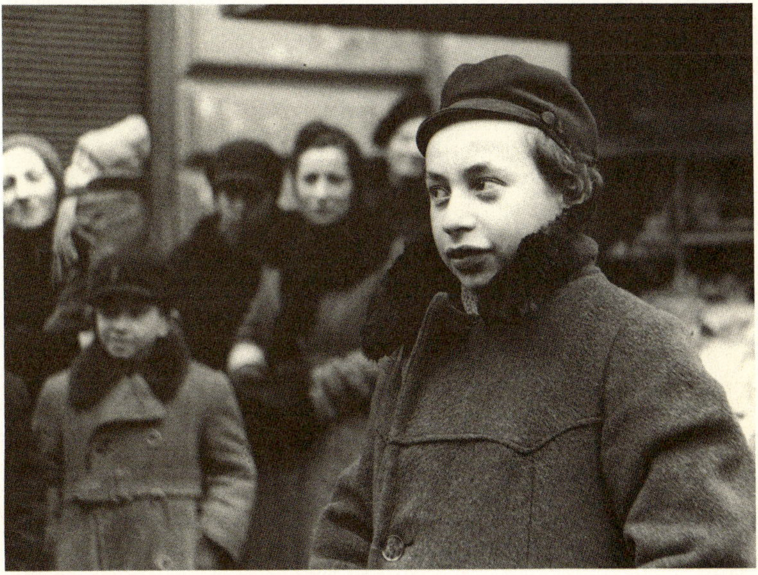

Auf diesem Bild ist rechts der jüdische Polizist zu sehen, der auf meinem Rundgang nicht von meiner Seite wich.

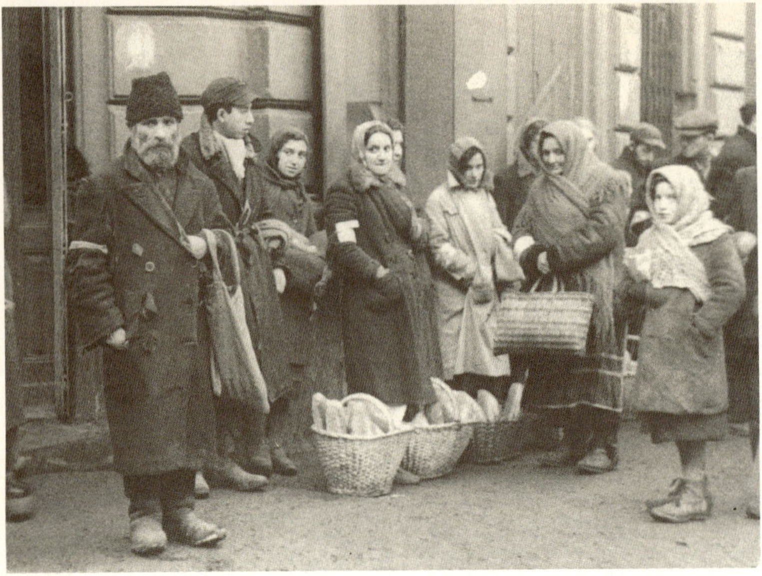

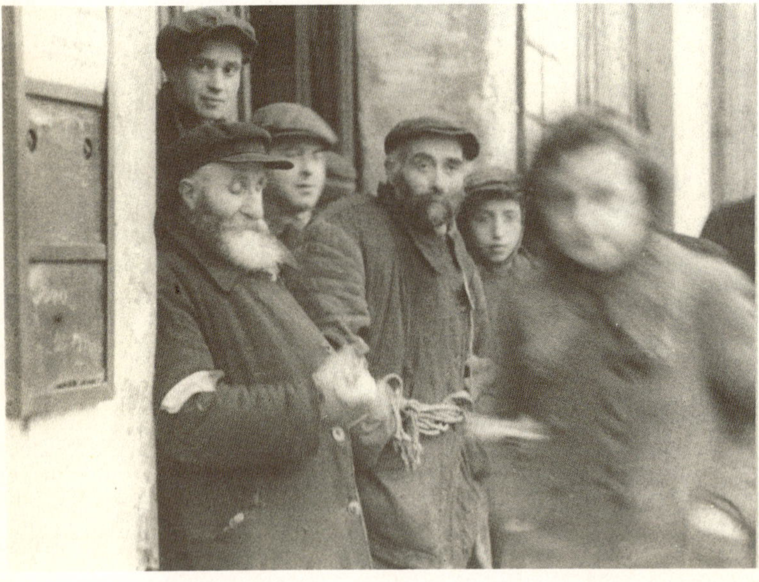

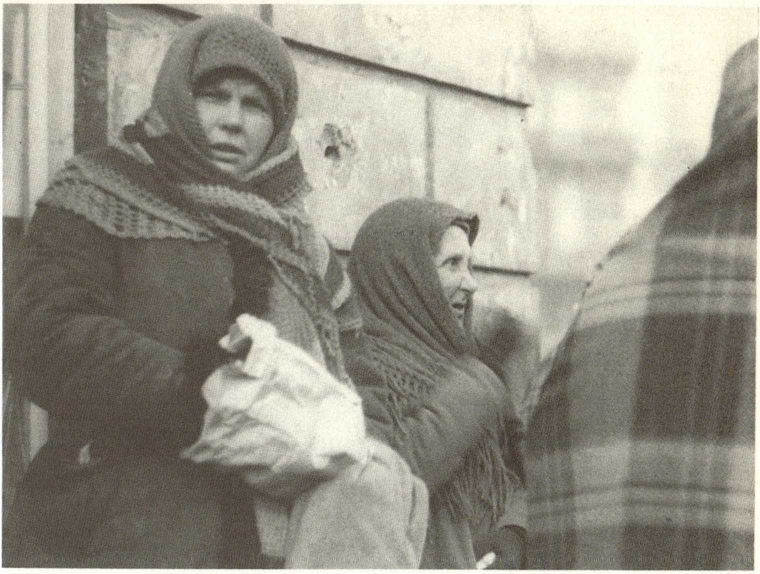

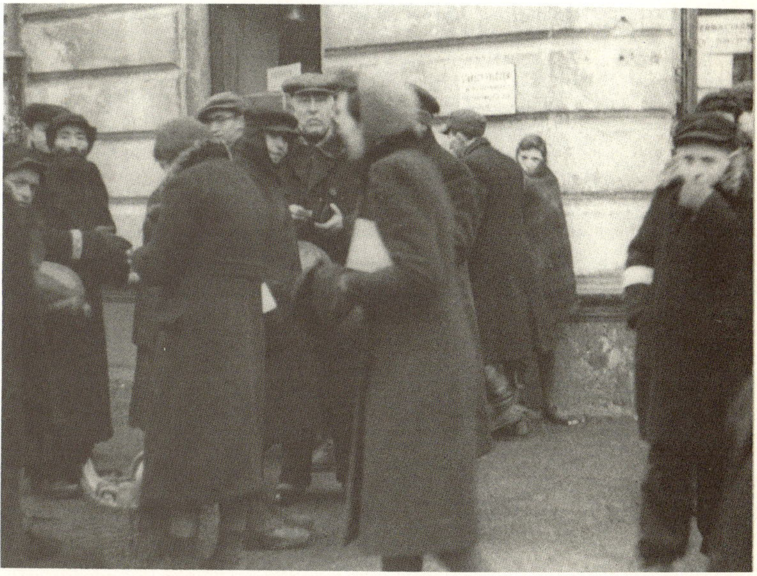

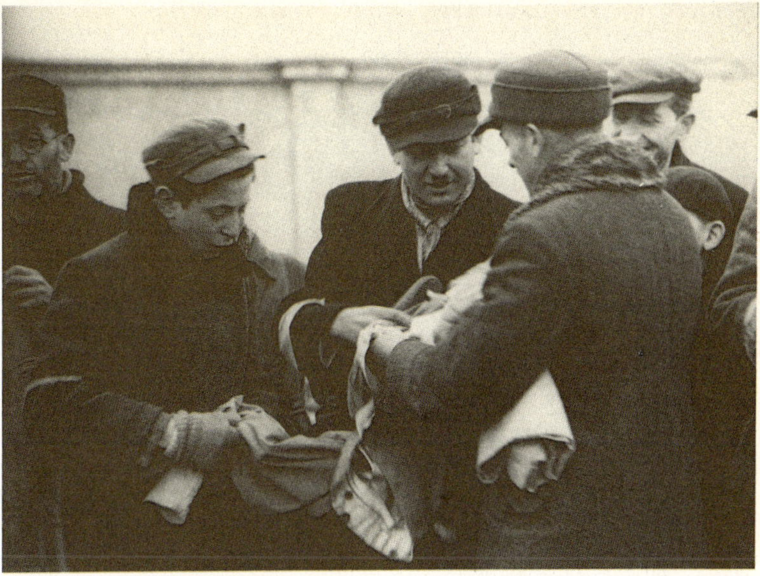

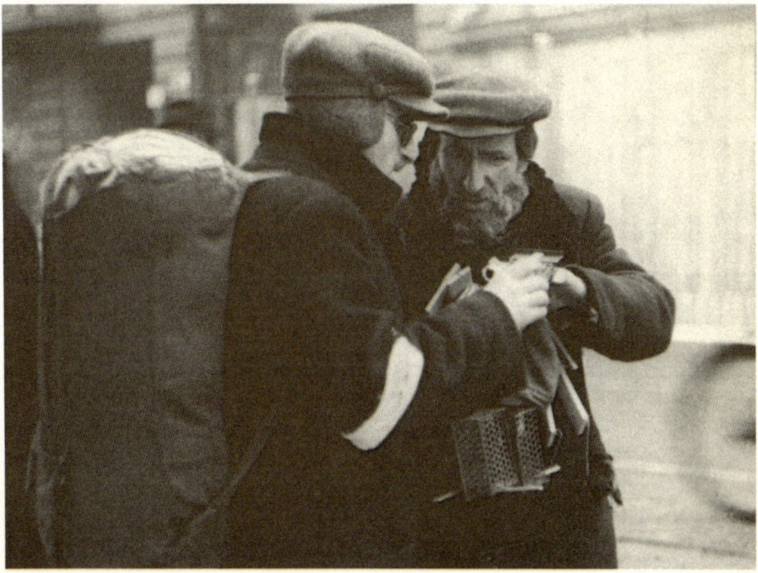

Teatr „**ELDORADO**" Dzielna 1.

DZIŚ i CODZIENNIE o godz. **5**⁴⁵

w SOBOTY o godz. **3**ᵖᵖ po cenach zniżonych **5**⁴⁵

DUS
„DORFS MEJDŁ"

KOMEDJA w **2**ᵉʰ AKTACH *J. Majzelsa*. MUZYKA *A. Somera*

REŻYSERJA *K. Cymbalist*. DEKORACJE *A. Liberman*. DYRYGENT *A. Wolsztejn*.

NA CZELE ZESPOŁU ULUBIEŃCY PUBLICZNOŚCI

REGINA CUKIER   ABRAM KURC

MAX BRYN   SYMCHA ROZEN

DAWID BIRNBAUM   POLA ROSEN

KARL CYMBALIST   EWA SZTOKFEDER

FELA GARBARZ   R. MARSAŁOW

JAKÓB GRYNSZPAN   S. SZEFTEL

KASA TEATRU CZYNNA CODZIENNIE od godz. **2**⁰⁰

w SOBOTY i NIEDZIELE od godz. **12**

Bevor die Abtransporte in die Gaskammern von Treblinka begannen, gab es im Getto sogar noch Theateraufführungen von Notgemeinschaften jüdischer Künstler. – Bild oben: Neuankömmlinge mit ihren Kindern.

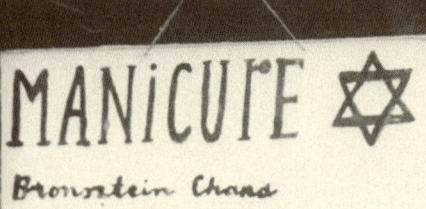

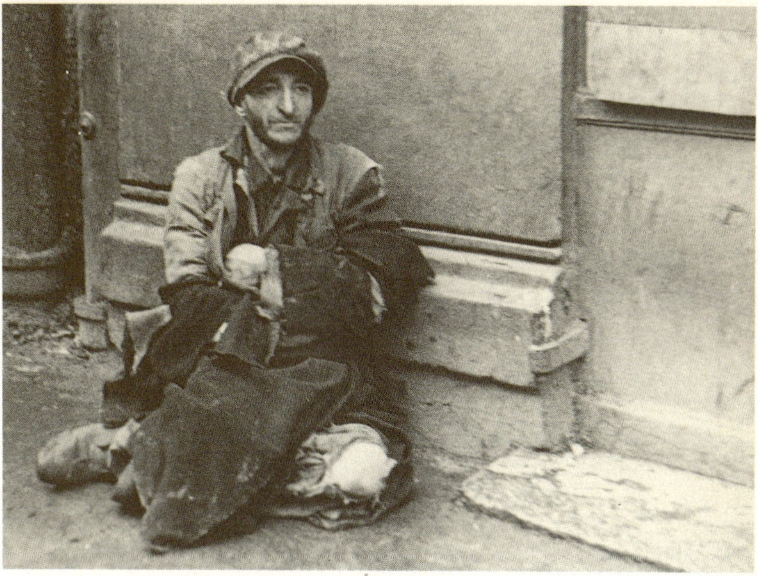

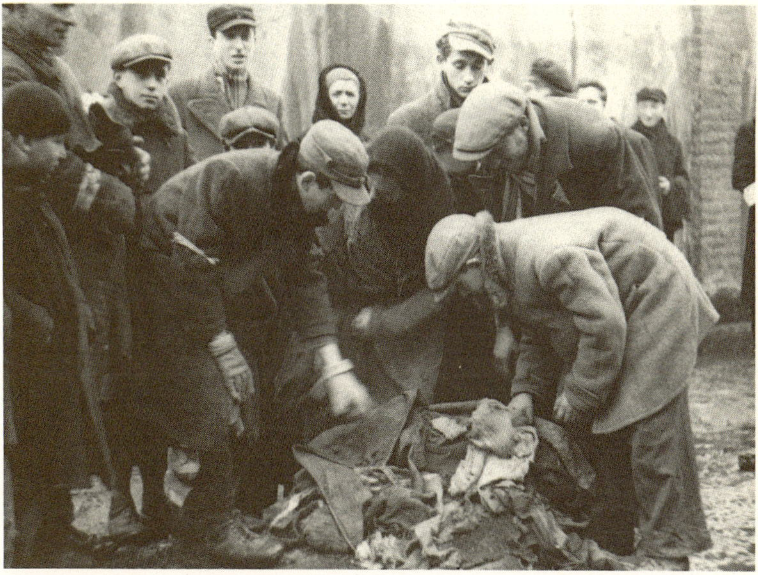

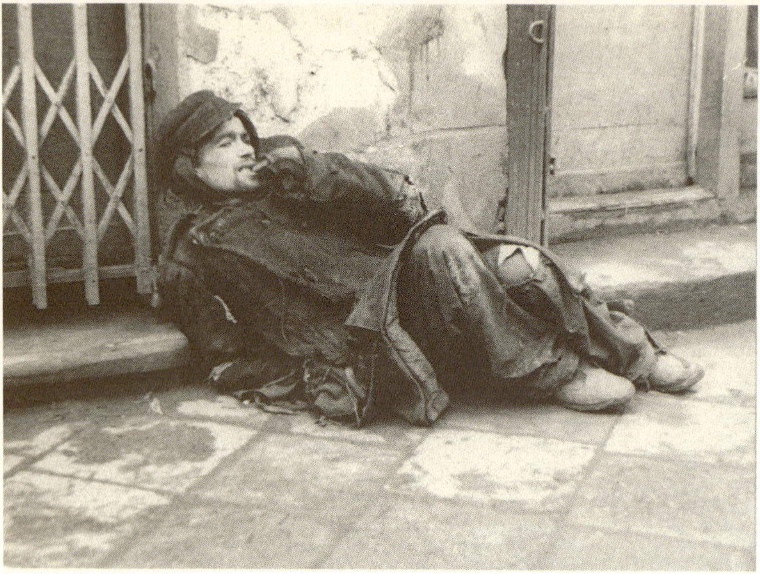

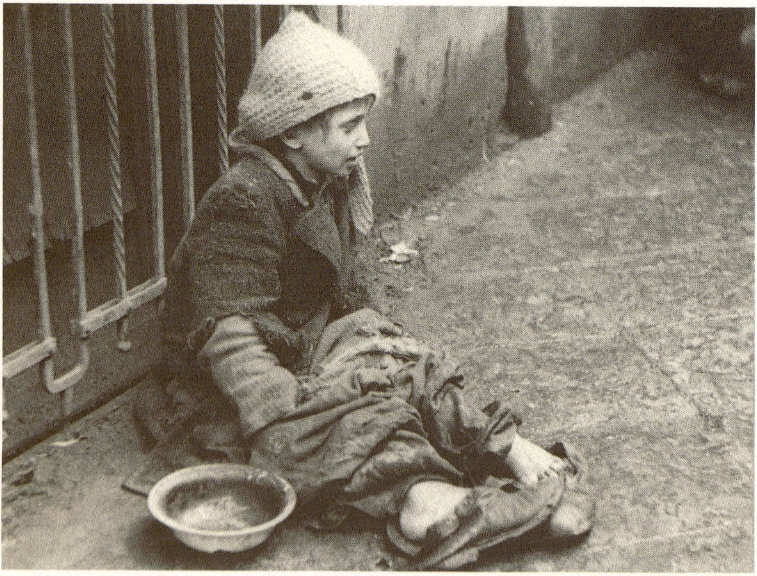

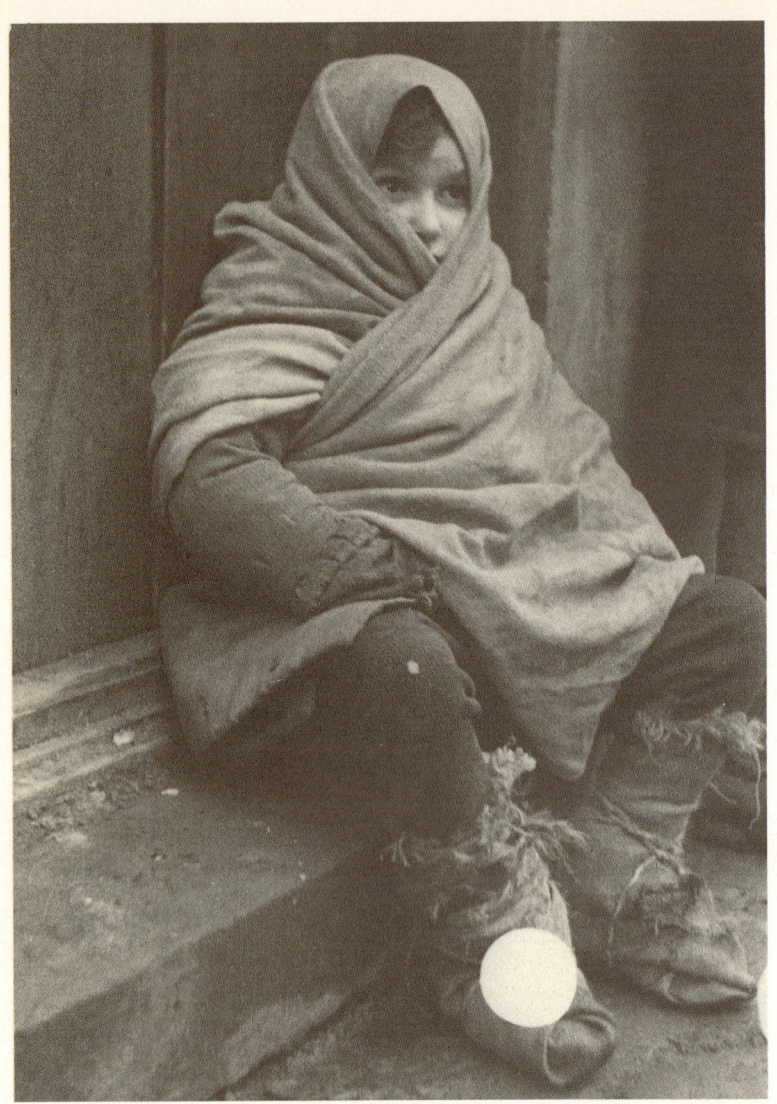

Folgende Doppelseite: Nach dem Gettoaufstand von 1943 wurde der ganze Bezirk auf Befehl Hitlers dem Erdboden gleichgemacht. Diese Ansicht wurde am 20. November 1944 aufgenommen – sie ist das einzig existierende Bild der Getto-Ruinen vor dem Einmarsch der Roten Armee in Warschau.

Taschenbücher zum Dritten Reich

dtv 10390

Frauen unterm Hakenkreuz
Eine Dokumentation mit zahlreichen Abbildungen

dtv 10402

Inge Deutschkron: Ich trug den gelben Stern
dtv zeugen und zeugnisse

dtv 10119

Schule im Dritten Reich – Erziehung zum Tod?
Eine Dokumentation

Politik und Zeitgeschichte

dtv 10433

dtv 10382

dtv 10672

Arnulf Baring:
Im Anfang war Adenauer
dtv 10097

Gordon A. Craig:
Über die Deutschen
dtv 10408

Alfred Grosser:
Geschichte Deutschlands seit 1945
dtv 1007
Das Bündnis
Die westeuropäischen
Länder und die USA
seit dem Krieg
dtv 1760
Versuchte Beeinflussung
Zur Kritik und
Ermunterung der
Deutschen
dtv 10128
Der schmale Grat der
Freiheit
Eine neue Ethik für eine
neue Zeit?
dtv 10221

Robert Harris
Jeremy Paxman:
Eine höhere Form des
Tötens
Die unbekannte
Geschichte der B- und
C-Waffen
dtv 10372

Jahrbuch der Bundesrepublik Deutschland
1986/87
dtv 5250

Günter Gaus:
Wo Deutschland liegt
Eine Ortsbestimmung
dtv 10561

Robert Jungk:
Menschenbeben
Der Aufstand gegen
das Unerträgliche
dtv 10335

Jonathan Schell:
Das Schicksal der Erde
Gefahr und Folgen
eines Atomkriegs
dtv 10258

Wolf Jobst Siedler:
Weder Maas noch Memel
dtv 10383

Elke und Jannes Tashiro:
Hiroshima – Menschen
nach dem Atomkrieg
dtv 10098

Carl Friedrich
von Weizsäcker:
Wege in der Gefahr
dtv 1452
Deutlichkeit
dtv 1687
Der bedrohte Friede
dtv 10182

Kriegsende und Nachkriegszeit

dtv 10409

Hrsg. v. Bernd Schmidt
und Hannes Schwenger
dtv 1780

dtv 1007

Dokumentation der
Vertreibung der
Deutschen aus Ost-
Mitteleuropa
8 Bände in Kassette
dtv 5964

Marion Gräfin Dönhoff:
Namen, die keiner
mehr nennt
Ostpreußen – Menschen
und Geschichte
dtv 247
Von Gestern nach
Übermorgen
Zur Geschichte der
Bundesrepublik
Deutschland
dtv 10316

Dietrich Güstrow:
In jenen Jahren
Aufzeichnungen eines
»befreiten« Deutschen
dtv 10401

Der Kampf um Berlin
1945 in Augenzeugen-
berichten
Hrsg. v. P. Gosztony
dtv 2718

Hans Graf von Lehndorff:
Ostpreußisches
Tagebuch
dtv 2923

Neubeginn und
Restauration
Hrsg. v. K.-J. Ruhl
dtv 2932

Die Niederlage 1945
Hrsg. v. Percy Ernst
Schramm
dtv 2947

Vom Reich
zu Österreich
Kriegsende und Nach-
kriegszeit in Österreich
Hrsg. v. Jochen Jung
dtv 10403

Weihnachten 1945
Hrsg. v. Claus Hinrich
Casdorff
dtv 10342

Horst Bienek:
Erde und Feuer
Roman
dtv 10374

Franz Fühmann:
Kapitulation
Erzählungen
dtv 10397

Annemarie Weber:
Westend, Roman
dtv 10375

Deutsche Geschichte der neuesten Zeit

vom 19. Jahrhundert bis zur Gegenwart

Herausgegeben von Martin Broszat, Wolfgang Benz und Hermann Graml in Verbindung mit dem Institut für Zeitgeschichte, München.

Deutsche Geschichte
der neuesten Zeit

Corona Hepp:
Avantgarde
Moderne Kunst,
Kulturkritik und Reformbewegungen
nach der Jahrhundertwende

dtv

dtv 4514

Deutsche Geschichte
der neuesten Zeit

Wolfgang Benz:
Potsdam 1945
Besatzungsherrschaft und Neuaufbau
im Vier-Zonen-Deutschland

dtv

dtv 4522

Deutsche Geschichte
der neuesten Zeit

Peter Bender:
Neue Ostpolitik
Vom Mauerbau
bis zum Moskauer Vertrag

dtv

dtv 4528